Hans Dosser
Luca Bernabè

Top 10 Reiseführer

Genusstouren in Südtirol

TAPPEINER.

TOP 10 VINSCHGAU — SEITE 10

Wanderung zum Dreiländerstein | Auf dem Stundenweg im Münstertal | Schludernser Waalweg und Ganglegg | Von Prad zum Dürren Ast | Radtour durch den Oberen Vinschgau | Sonnenpromenade nach Schlanders | Wanderung zu den Ruinen von Montani | Schloss Juval und der Stabener Waalweg | Auf dem Meraner Höhenweg über Naturns | Radwanderung im Unteren Vinschgau

TOP 10 MERAN, PASSEIERTAL- & ULTENTAL — SEITE 32

Partschinser Waal- und Urweg | Über die Gilfpromenade zum Tappeinerweg | Zum Schloss Tirol über das Farmerkreuz | Auf den Spuren von Andreas Hofer | Almrundwanderung über den Jägersteig | Auf dem Sunnenseitnweg in Ulten | Rundwanderung zur Fiechtalm | Wanderung zum Kirchlein St. Hippolyt | Rundwanderung am Gampenpass | Zur Bergkirche St. Apollonia

TOP 10 RITTEN, ÜBERETSCH & UNTERLAND — SEITE 54

Radweg durchs Etschtal | Wanderung zur Ruine Maultasch | Genusstour zur Höfegruppe Kampidell | Seenwanderung auf dem Ritten | Fennpromenade und Erdpyramiden | Spaziergang zu den Eislöchern in Eppan | Wanderung auf dem Kalterer Höhenweg | Rundwanderung um den Kalterer See | Zur Kanzel und nach Gschnon | Radweg ins Eisacktal

TOP 10 EISACKTAL, WIPPTAL, LÜSEN & VILLNÖSS — SEITE 76

Wanderung zum Fischweiher von Tschöfas | Rundwanderung in St. Peter in Lajen | Auf dem Keschtnweg nach Klausen | Von der Stöfflhütte zum Toten Kirchl | Auf dem Keschtnweg nach Verdings | Rundwanderung im Villnößtal | Fahrradtour von Klausen nach Brixen | Rundwanderung zur Kreuzwiesenalm | Die Dörferrunde in Natz-Schabs | Zu den Burgen Sprechenstein und Reifenstein

ÜBERSICHT NACH GEBIETEN

VINSCHGAU

MERAN, PASSEIERTAL- & ULTENTAL

RITTEN, ÜBERETSCH & UNTERLAND

ÜBERSICHT NACH GEBIETEN

EISACKTAL, WIPPTAL, LÜSEN & VILLNÖSS

GUTSCHEINE:

ROSENGARTEN, SCHLERN & GRÖDEN

GUTSCHEINE:

PUSTERTAL, AHRNTAL & ALTA BADIA

ÜBERSICHT NACH GEBIETEN

ÜBERSICHTSKARTE

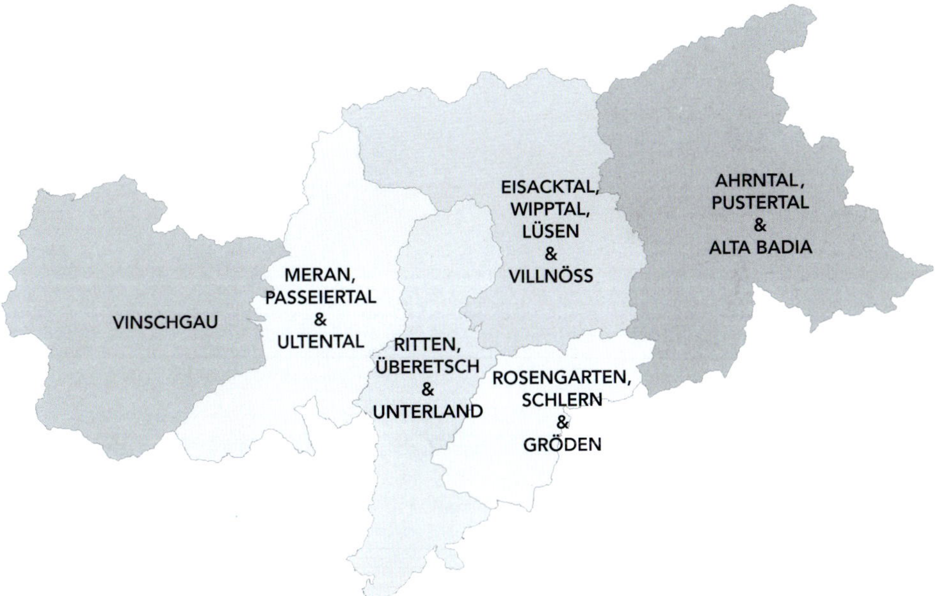

DIE AUSWAHL DER TOP 10 – URLAUBS- UND GENUSSZIELE IN SÜDTIROL

Dies ist ein Reise- und Wanderführer mit einer ganz neuen Ausrichtung. Wir haben für Sie 10 kulinarische Betriebe mit jeweils einer wunderschönen Wanderung oder Radtour in jeder der wichtigsten Südtiroler Regionen für Sie ausgewählt, beschrieben und bebildert. Egal, wo Sie gerade Urlaub machen oder unterwegs sind, im Vinschgau, in Meran, im Passeiertal, im Ultental, in Bozen und Überetsch, im Eisacktal und Wipptal, im Pustertal oder in den Dolomiten, wir haben die besten 10 Wanderungen und Einkehrtipps der Region für Sie ausgewählt und es ist sicherlich für jeden Genießer und Bergfreund etwas passendes dabei.

Wir haben uns auf die Suche nach besonderen Einkehrmöglichkeiten mit raffinierter, moderner, aber auch gut bürgerlichen traditionellen Küche gemacht und stellen Ihnen diesen Insider-Tipp detailliert vor. Urlaub auf dem Bauernhof, Übernachten in einfachen Gasthöfen, Speisen mit phantastischen Ausblicken, Einkaufen von selbst gemachten, einheimischen Produkten, „Marenden" auf traditioneller Art, aber auch ausgefallene, moderne Gerichte stellen den Schwerpunkt dieses Reiseführers dar. Wir gehen detailliert auf die Speisekarte des jeweiligen Ziels ein und zusätzlich haben wir kulinarische Highlights getestet und für Sie „Unsere Rechnung" zusammengestellt, um Ihnen einen genauen Einblick in das jeweilige Angebot zu geben.

Zu jedem kulinarischen Tipp erwarten Sie eine passende Wanderung oder Radtour in der nächsten Umgebung, damit Sie vor dem Schlemmen mit einer Wanderung oder einem Spaziergang die wunderbare Landschaft erleben können und danach die wohlverdiente Rast doppelt genießen können. Selbstverständlich kommen Informationen über Anfahrt, Parkmöglichkeiten, Gehzeit, Schwierigkeit und Höhenunterschied nicht zu kurz, um Ihnen die Auswahl des Zieles zu erleichtern.

Das letzte Kapitel „Kulinarische Highlights" stellt besondere Veranstaltungen vor, die unter einem bestimmten Motto stehen: Sie lernen die Südtiroler Weinwochen, das Ahrntaler Käsefest, die Löwenzahn- und Lammwochen des Ultentales, das Gardena Sky Dinner und viele andere exklusive Events kennen. Selbstverständlich dürfen dabei Informationen über Ort, Anfahrt, Eintrittspreise und besondere Highlights nicht fehlen.

Viel Spaß beim Genießen und Erkunden! Damit Ihnen das Kennenlernen der einzelnen Highlights in Südtirol noch leichter fällt, enthält dieser Reiseführer aber nicht zur zahlreiche Informationen und Insider-Tipps, sondern als besonderes Plus auch Gutscheine, die Ihr Urlaubsbudget erheblich entlasten und den Genuss dadurch noch steigern werden. Der Wert dieser Gutscheine liegt über der 1350 € Grenze.

EINLÖSUNG DER GUTSCHEINE

1. Mit dem Erwerb des Gutschein-Reiseführers „Top 10 Genusstouren in Südtirol" erlangt der Käufer den Anspruch auf die Einlösung der darin enthaltenen Gutscheine. Dieser Anspruch ist unter Berücksichtigung der folgenden Einlösungsbedingungen abtretbar.

2. Die im Gutschein beschriebenen Leistungen können von den Berechtigten bis zum 31.12.2011 in Anspruch genommen werden.

3. Die Einlösungsmodalitäten des Gutscheines (wie z. B. Kombinierbarkeit oder Kumulierbarkeit mit anderen Angeboten, Vorankündigung des Wunsches der Inanspruchnahme u. ä.) müssen vor der Einlösung direkt beim Anbieter in Erfahrung gebracht werden. In jedem Fall muss der Anbieter vor Inanspruchnahme der beschriebenen Leistung darauf hingewiesen werden, dass ein Gutschein eingelöst werden soll. Unterbleibt dieser Hinweis, besteht keine Berechtigung zur nachträglichen Einlösung.

4. Der Gutschein muss mitsamt dem Führer und als Teil desselben dem Anbieter vorgelegt werden und darf erst vor Ort vom Anbieter durch Abstempeln des Gutscheines entwertet werden. Ein vom Führer losgetrennter Gutschein ist ungültig und gibt kein Anrecht auf Inanspruchnahme der darin beschriebenen Leistung.

5. Bei den Gutscheinen und Tipps handelt es sich um bezahlte Inserate. Für den Inhalt des Gutscheines bzw. des Tipps und die Einlösung desselben bzw. die Erbringung oder Nicht-Erbringung oder Art und Umfang der darin beschriebenen Leistungen ist ausschließlich der jeweilige Anbieter verantwortlich. Der Anbieter hat sich vertraglich verpflichtet, den Tappeiner Verlag von jeglicher diesbezüglicher Verantwortung zu befreien und schadlos zu halten. Sollten Streitigkeiten bezüglich der Einlösung des Gutscheines, der Erbringung oder Nicht-Erbringung – auch durch Betriebsschließung o. ä, durch höhere Gewalt oder Zufall – der darin oder in einem Tipp beschriebenen Leistungen entstehen, können die entsprechenden Forderungen nur direkt gegenüber dem Anbieter geltend gemacht werden. Eine Barablöse des Gutscheines ist ausgeschlossen.

6. Der Tappeiner Verlag übernimmt keine Haftung für etwaige Druck- oder Satzfehler, für die Richtigkeit oder Vollständigkeit der im Gutschein oder im Tipp enthaltenen Angaben. Ebenso übernimmt der Verlag keine Haftung für sämtliche in den Gutscheinen oder Tipps angegebenen Texte, Bilder, Adressen, Internet-Links und sonstigen Daten. Für den Inhalt von Internet-Adressen sind ausnahmslos die jeweiligen Betreiber verantwortlich.

Schloss Annaberg bei Latsch

TOP 10 VINSCHGAU

1 WANDERUNG ZUM DREILÄNDERSTEIN

TECHNISCHE DETAILS

Wanderung
Mittelschwere Tour

Jahreszeit
Frühsommer bis Spätherbst

Gehzeit
Aufstieg ca. 2 Stunden
Abstieg ca. 1 ½ Stunden

Höhenunterschied
500 m

Anfahrt
Gleich hinter dem Dorf Reschen biegt links ein schmaler Wiesenweg ab. Ab hier folgt man dem Schild „Tendershof".

Parken
Beim Tendershof

Die Tour führt unterhalb des Dreiländergipfels Piz Lat bis zum Dreiländerstein, immer an der Grenze entlang.

Route: Parken kann man beim Tendershof. Von dort führt der Wirtschaftsweg nach oben. Nach zwei Kehren folgt man einem mit der Nr. 3 markierten schattigen Waldsteig hinauf zum Grenzweg, der unter dem mächtigen Gipfel des Piz Lat, fast neben der Staatsgrenze, entlangläuft. Der Weg zum Dreiländerstein ist mit Südtiroler und österreichischen Wegweisern gut ausgeschildert und führt bis zum besagten Grenzstein, an dem die Staatsgrenzen von Italien, Österreich und der Schweiz zusammentreffen. Der Ausblick reicht bis ins Inntal, ins Engadin sowie zu den Samnauner und Nauderer Bergen. Auf dem Rückweg über denselben Weg genießt man den Ausblick über den Reschensee bis hin zur Ortlergruppe.
Variante: Zum Tendershof kann man, von Reschen Dorf aus, nicht nur mit dem Auto, sondern auch ganz gemütlich zu Fuß gelangen. Ausgangspunkt ist der Parkplatz beim Friedhof in Reschen. Von dort aus geht man den Radweg entlang, vorbei am Mühlanderhof und immer dem Weg 3 folgend, quer über die Wiesen und später auf dem Waldweg hinauf zum Tendershof. (Gehzeit: ¾ Stunde)

Ortschaft Reschen, Reschensee und Piz Lat

GUTSCHEIN
im Wert von 6,00 €
und von 20,00 €
auf Seite 166

Hofschank & Ferienwohnungen Tendershof
Reschen
Tel. 0039 0473 632011
www.tendershof.com
Öffnungszeiten: ganzjährig
Kein Ruhetag

TOP, WEIL ...

die Grenztour zu schönen Aussichten führt und der Tendershof noch ein echter Geheimtipp ist.

HOFSCHANK & FERIENWOHNUNGEN TENDERSHOF

Der vorbildlich renovierte Bauernhof liegt im Grenzgebiet und ist als Hofschank auch auf Wanderer eingestellt.
Die jungen „Bauersleut" verleihen dem Haus eine persönliche Note. Kräuter und Gemüse stammen aus dem eigenen Garten, den die Bäuerin liebevoll pflegt. Die Hochlandrinder werden auf dem Hof gezüchtet und die Schweine wachsen auf verschiedenen Almen der Gegend heran. Man sitzt in der alten holzgetäfelten Stube, denn draußen ist wenig Platz.

Aus der Speisekarte: Brennnesselknödel oder Spatzlen, Wildkräutercremesuppe, Kräuternocken mit Topfen, Sauerkrautcremesüppchen mit Schwarzbrot-Schiffchen, Rostbraten oder Gulasch vom eigenen Hochlandrind, Spanferkel, Rippelen und sonstiges Grillfleisch am Wochenende. Besonders zu empfehlen sind der hausgemachte Speck und die milden Hauswürste. Die Mehlspeisen, Kuchen belegt mit Waldfrüchten oder Rhabarber, Strudel oder ein ganz spezieller Rotweinkuchen, sind ebenfalls hausgemacht.

UNSERE RECHNUNG

Sauerkrautcremesuppe	*€ 3,00*
Brennnesselnocken	*€ 7,50*
Schweinebraten, Knödel und Speckkraut	*€ 9,00*
Topfenknödel auf Jostabeersoße	*€ 3,00*
½ l Rotwein (Vernatsch)	*€ 4,00*
Gesamtsumme	***€ 26,50***

April 2008

2 AUF DEM STUNDENWEG IM MÜNSTERTAL

Der Stundenweg verbindet das Engadin (Schweiz) mit dem Vinschgau und ist zu lang für eine Tageswanderung. Deshalb führt diese Tour von Laatsch nach Taufers im Münstertal.

Route: Die Wanderung beginnt in Laatsch, einer Fraktion von Mals, und geht hinter dem Gasthof Lamm (nicht zu verwechseln mit dem Hotel Lamm in Taufers) auf einem breiten Waldweg – immer der Beschilderung „Taufers" folgend – in weiten Serpentinen mäßig steil zum Stundenweg („senda clastras"). Dieser neu angelegte Höhenweg führt zunächst durch Lärchenwald, dann durch offenes Gelände – mit herrlichem Blick auf den oberen Vinschgau – in das Münstertal (Val Müstair) bis zur Ruine Rotund. Eine sehr abwechslungsreiche Vegetation und der Blick zu den Engadiner Kalkbergen begleitet den Weg. An der Burgruine Rotund steigt man nach Taufers ab. Mit dem Bus (SAD) fährt man nach Laatsch zurück.

Besonderheiten: Laatsch hat vier Kirchen, von denen zwei besichtigt werden können: St. Luzius – hier steht nur noch der Turm – und St. Leonhard (aus dem 15. Jh.) – mit gotischen Malereien und einem ebenfalls gotischen Flügelaltar. St. Kosmas und Damian sowie St. Cäsarius sind nicht zu besichtigen. Auch die Kapelle Johannes der Täufer in Taufers ist sehenswert.

Das Münstertal mit Ruine Rotund

TECHNISCHE DETAILS

Wanderung
Mittelschwere Tour

Jahreszeit
Frühjahr bis Spätherbst

Höhenunterschied
400 m

Gehzeit
Ca. 3 Stunden (40 Min. bis zum Stundenweg und 2 ½ Stunden bis Taufers)

Anfahrt
Entweder von Mals nach Laatsch oder von Glurns über die Hauptstraße Richtung Taufers und dann rechts ab nach Laatsch

Parken
In Laatsch gibt es mehrere Parkmöglichkeiten.

TIPP

Lamm's Reitstall

Auf 4 Hufen durch den Vinschgau beim geführten Ritt auf den Reitplatz oder beim Geländeritt.

Buchungen unter:
Natur-Aktiv Hotel Lamm
Tel. 0039 0473 832168
www.hotel-lamm.com

GUTSCHEIN
im Wert von 10,00 €
auf Seite 166

auf Seite 166

Natur-Aktiv Hotel
Restaurant Lamm
Taufers im Münstertal
Tel. 0039 0473 832168
www.hotel-lamm.com
Öffnungszeiten:
Dezember bis November
Ruhetag: Mittwoch

TOP, WEIL ...

der Stundenweg der schönste Höhenweg im oberen Vinschgau ist und die Naturküche im Hotel Lamm zahlreiche Gaumenfreuden bietet.

NATUR-AKTIV HOTEL LAMM

Das neu renovierte Hotel, das seit 2007 den 4. Stern bekommen hat, ist ein Geheimtipp für Naturliebhaber. Hier werden Mensch und Natur noch in den Mittelpunkt gestellt. Diese Hausphilosophie wird auch auf den Bereich Wellness und Beauty angewendet. Auf die Natürlichkeit wird auch bei den Speisen gesetzt, die frisch aus dem Garten oder aus dem regionalen Anbau schonend und sorgfältig zubereitet werden. Kuschelzimmer und Suiten mit natürlichem Charme, elegantem Landhausstil und harmonischer Noblesse runden das Angebot ab.

Aus der Speisekarte: Aus der Küche kommen Bresaola-Carpaccio, Risotto mit Pfifferlingen, hausgemachte Nudelteigtaschen mit Frischkäse-Zucchini-Füllung, Omelette mit Champignons und Zwiebelrostbraten. Für den kleinen Hunger gibt es auch einen „Vinschger Marendteller".

UNSERE RECHNUNG

Vinschger Gerstsuppe	*€ 3,50*
Hausgemachte Käseknödel	*€ 5,50*
Gebratene Forelle nach Art des Hauses	*€ 12,50*
Lammfilet mit Pommery-Senf-Soße	*€ 16,50*
Gesamtsumme	***€ 38,00***

April 2008

3 SCHLUDERNSER WAALWEG UND GANGLEGG

TECHNISCHE DETAILS

Wanderung
Leichte Rundtour (mit Variante)

Jahreszeit
Frühling bis Spätherbst

Gehzeit
2 ½ Stunden

Höhenunterschied
300 m

Anfahrt
Durch den Vinschgau bis nach Schluderns

Parken
Beim Hotel Alte Mühle, zentral gelegen

Die Tour führt von Schluderns zum Leitenwaal und zur prähistorischen Siedlung Ganglegg.

Route: Vom Hotel Alte Mühle (Parkplatz) in Schluderns führt der Weg Richtung Spielplatz und weiter bis zur kleinen Schutzmauer. Dort steigt man links über die Treppe hinauf und folgt dem Bach taleinwärts. Über den Serpentinenweg geht es dann zum Leitenwaal hinauf. Der Weg zum Leitenwaal, Markierung 17, führt erst über den Avisiumsbach und nach 100 m auch über den Saldurbach. Nun geht es talauswärts zum Ganglegg, einer prähistorischen Siedlungsstätte, die öffentlich zugänglich ist und beispielhaft restauriert wurde. Anschließend steigt man über den Kalvarienberg wieder nach Schluderns und zum Hotel Alte Mühle ab.

Variante: Von Schluderns wandert man zur Churburg und weiter zum ausgeschilderten Waalweg, der das ganze Saldurtal umrundet und über den Kalvarienberg wieder ins Dorf zurückführt. (Gehzeit: 3 Stunden)

Besonderheiten der Gegend: Liebhaber von Burgen und Ritterrüstungen kommen bei einem Besuch der Churburg (siehe Variante Wanderung) auf ihre Kosten; das Vinschger-Museum in Schluderns informiert über die Bedeutung des Wassers, die Waale und die Ausgrabungsstätte Ganglegg.

Die Churburg in Schluderns

HOTEL-RESTAURANT ALTE MÜHLE

Die Palimühle, 1279 erstmals erwähnt, hat jahrhundertelang Korn gemahlen, heute beherbergt sie ein Restaurant.
Das Restaurant, das im Dorfzentrum von Schluderns liegt, direkt unterhalb der stolzen Churburg, hat viele Tiroler Gerichte auf der Speisekarte, die sich immer nach dem saisonalen Angebot heimischer Produkte richtet. Der Gemüsegarten liefert ständig frisches Gemüse und knackige Salate. Jeden Freitag und Samstag gibt es eine eigene Fischkarte. Von den Teigwaren bis zum Brot ist alles hausgemacht. In der Tiroler Zirmstube serviert der Juniorchef abends Pizza aus dem Holzofen.

Aus der Speisekarte: Topfenravioli, Radicchio-Teigtaschen, Vinschger Käsenocken mit Almkäse. Der Strudel und auch alle anderen Mehlspeisen sind hausgemacht. Der Wirt ist ein leidenschaftlicher Weinliebhaber, der auf dem sonnigen Hügel hinter der „Alten Mühle" einen einmaligen Müller-Thurgau anbaut. Der Wein wird nur im Restaurant serviert und besticht durch eine breite Fruchtigkeit und angenehme Säure. Die Weinkarte ist reichhaltig und der Wein wird auch glasweise ausgeschenkt.

GUTSCHEIN
im Wert von 10,00 €
auf Seite 167

Hotel-Restaurant
Pizzeria Alte Mühle
Schluderns
Tel. 0039 0473 615238
www.hotel-alte-muehle.com
Öffnungszeiten: ganzjährig
Ruhetag: Montag

TOP, WEIL ...

der Schludernser Leitenwaal der schönste Waal im oberen Vinschgau ist und der Wanderer die Churburg und den Ortler immer im Blick hat. Außerdem ist die Ausgrabungsstätte Ganglegg sehenswert und die Alte Mühle steht mitten im alten rätischen Dorf.

UNSERE RECHNUNG

Hausgemachte Bandnudeln mit frischem Spargel	*€ 8,80*
Vinschger Käsenocken	*€ 8,20*
Lammkeule mit Spargel und Kartoffeln	*€ 16,50*
Hausgemachter Apfelstrudel	*€ 2,60*
½ l Rotwein (Vernatsch)	*€ 4,40*
Gesamtsumme	***€ 40,50***

April 2008

4 VON PRAD ZUM DÜRREN AST

TECHNISCHE DETAILS

Wanderung
Spaziergang bzw. leichte Wanderung

Jahreszeit
Frühjahr bis Herbst

Gehzeit
1 ½ Stunden (für die Rundwanderung)

Höhenunterschied
200 m

Anfahrt
Durch den Vinschgau bis Spondinig; dort zweigt die Straße nach Prad am Stilfserjoch ab.

Parken
Gleich links nach dem Dorfeingang gibt es einen Parkplatz.

TIPP

Der Spaziergang durch Prad und die Kurzwanderung hinauf zum „Zum Dürren Ast" ist eine Halbtagestour.

Route: Das Auto stellt man am besten auf dem Parkplatz gleich links beim Dorfeingang ab und spaziert durch das Dorf, Richtung Stilfser Joch. Nach ca. 15 Minuten Gehzeit, beim Tschrinbachwerk am Ende des Dorfes, in der sogenannten „Schmelz", steht das Hinweisschild „Zum Dürren Ast". Der Weg Nr. 1 führt links, angenehm ansteigend, über schattige Serpentinen durch den Wald hinauf zum Gasthaus. Für den Rückweg empfiehlt sich der Abstieg über den Fußweg bis ins Dorf oder vom „Dürren Ast" die Nr. 4 bis zum Tschrinbach vorbei an der St.-Johann-Kirche und wieder zum Ausgangspunkt beim Parkplatz. Wer etwas länger wandern möchte, folgt der Markierung Nr. 4 zum Nauhof, dann zur Tau- und Wassertretanlage und durch die Wiesen wieder zum Parkplatz.

Variante: Man kann die Rundwanderung natürlich auch umgekehrt machen.

Die Ortschaft Prad mit Blick auf die Schweizer Grenzberge

RESTAURANT & JAUSENSTATION ZUM DÜRREN AST

Das Gasthaus „Zum Dürren Ast" steht auf einer Wiese oberhalb des Dorfes Prad. Gemütlich ist es nicht nur in der Stube und auf der Veranda, sondern auch an den Tischen vor dem Gasthaus. Großer einmaliger Spielplatz und Ententeich, eine liebevoll gestaltete Kinderkarte und Kinderschürzen für die kleinen Gäste. Auf der Speisekarte stehen Tiroler Gerichte, die neu und leicht interpretiert werden. Die Grundprodukte kommen vorwiegend aus dem Vinschgau, vieles wird selbst gemacht, zum Beispiel backt der Chef auch öfters Brot – die Auswahl reicht vom Vollkornbrot bis zum Ringelblumen- und Früchtebrot. Reichhaltig ist auch das Angebot an Käse aus Roh- und Ziegenmilch. Die Hirschkaminwurzen und der Speck sind ebenfalls selbst geräuchert und gut abgehangen.

Aus der Speisekarte: Im Sommer gibt es Süßspeisen mit Erdbeeren und Aprikosen (z. B. Marillenknödel) aus der Region, aber auch typische Vinschger Gerichte wie „Schneemilch" und „Apfelkiechl". Das Lammfleisch wird, mit Thymian, Lorbeerblättern und Rosmarin geschmort, als traditionelles „Bauernschöpsernes" serviert. Jede Woche gibt es einen „Wochenhit", z. B. Jägerpfanne, Hase nach Großmutterart oder geschmorte Rindswangen. Auch die Beilagen sind der traditionellen Hausmannskost verpflichtet, z. B. Buchweizen und Polenta, Mohnspatzlen, Sellerie- oder Kräuterpüree. Das Gasthaus verfügt über eine große Weinkarte, mehrere Weine werden auch glasweise ausgeschenkt; und eine Edelbrand-Karte, auf der 50 verschiedene Destillate aus dem Vinschgau stehen.

GUTSCHEIN
im Wert von 16,00 €
auf Seite 167

Restaurant & Jausenstation
Zum Dürren Ast
Prad am Stilfser Joch
Tel. 0039 0473 616638
Öffnungszeiten:
Ostern bis Allerheiligen
Ruhetag: Freitag (außer August)

TOP, WEIL ...

die kurze Wanderung Ausblicke auf den oberen Vinschgau bietet und das Landgasthaus herrlich gelegen ist.

UNSERE RECHNUNG

Löwenzahnsüppchen	*€ 4,50*
Brennnesselgnocchi auf Tomatensoße	*€ 7,50*
Schweinefilet im Speckmantel	*€ 12,50*
1 Glas Chardonnay „Rebhof"	*€ 2,20*
Gesamtsumme	***€ 26,70***

April 2008

5 RADTOUR DURCH DEN OBEREN VINSCHGAU

TECHNISCHE DETAILS

Radtour
Einfache Rundtour mit geringer Steigung

Jahreszeit
Ganzjährig

Fahrzeit
2 ½ Stunden

Strecke
37 km

Anfahrt
Mit dem Auto oder der Vinschger Bahn nach Laas (Fahrradmitnahme im Zug möglich)

Parken
Beim Bahnhof Laas

TIPP

Erlebnisgastronomie „spinni?"
Brauerei-Pizzeria-Tanzlokal

So verrückt wie bereits der Name des Lokales klingt, ist es zur Firmenphilosophie geworden aus der Reihe zu tanzen: Drei Sorten selbstgebrautes Bier, quadratische und herzförmige Pizza, Kutschenfahrten mit dem „größten Pferd der Welt" …

Vinschgaustraße 78
I-39023 Laas
Tel. 0039 0473 628170 oder
Mobil 0039 335 8009091
www.spinni.it
Öffnungszeiten: 16 bis 3 Uhr
Ruhetag: Montag

Die gemütliche Fahrradtour führt von Laas über Prad nach Glurns und Schluderns.

Route: Wer nicht mit der Vinschger Bahn anreist, lässt das Auto in Laas stehen (Parkmöglichkeit am Bahnhof) und steigt dort auf das Rad. Die Tour geht auf dem gut ausgeschilderten Radweg „Vinschgau" zuerst nach Prad und dann nach Glurns, in die kleinste Stadt Tirols. Bis hierher sind es 18 km mit geringer Steigung. Eben radelt man nach Schluderns. Auch hier sollte man – wie in Glurns – ruhig durch den Ort fahren, beide Ortschaften sind sehr sehenswert. Von Schluderns führt die Tour durch das Biotop der Schludernser Auen, überquert die Stilfser-Joch-Straße und schlängelt sich dann durch Obstwiesen und Gemüsegärten zurück nach Laas. Von Glurns bis Laas sind es noch einmal ca. 19 km. Einkehrmöglichkeiten gibt es sowohl in Glurns als auch in Schluderns. Auch die „Krone" in Laas ist eine Einkehr wert.

Besonderheiten der Gegend: Laaser Marmor ist weltberühmt, die Marmorverarbeitung kann man in Laas besichtigen. In Glurns sollte man unbedingt vom Hauptplatz durch die Laubengasse fahren und in Schluderns das „Vinschger Museum" besichtigen.

Marmorlager in Laas

GUTSCHEIN
im Wert von 5,00 €
und von 50,00 €
auf Seite 168

Fohlenhof Ferienwohnungen & Edelbrände
Laas
Tel. 0039 0473 626501
www.fohlenhof.it
Öffnungszeiten:
ganzjährig von 8 bis 19 Uhr

TOP, WEIL ...

die leichte Fahrradtour durch alte Dörfer und zum kleinsten Städtchen Südtirols führt. Außerdem kann man die Sehenswürdigkeiten des oberen Vinschgaus besuchen.

FOHLENHOF – FERIENWOHNUNGEN & EDELBRÄNDE

Der Hof, vom Österreichischen Kaiser erbaut, liegt am westlichen Ortsende von Laas. Heute beherbergt der Obsthof Ferienwohnungen der Extraklasse und eine Hofbrennerei, eine Feindestillerie. Am Fohlenhof werden ausschließlich Früchte aus dem Vinschgau zu Feinbränden verarbeitet, z. B. Marillen, Äpfel, Zwetschgen, Kirschen u. ä. sowie Liköre aus Früchten und Beeren. Der Verkauf erfolgt zum Großteil ab Hof. Das Geheimnis der feinen Destillate (mehrmals ausgezeichnet) liegt sicherlich in den guten Früchten des Vinschgaus und in der genauen kontrollierten Vergärung bzw. individuellen Brennmethode. Die Edelbrände mit Genuss verkostet bleiben unvergesslich.

Verkaufsangebot: Verkauft werden Brände aus Golden Delicious (frisch und dezent im Geschmack), Elstar (intensiv und würzig), Marillen (fein strukturiert, marmeladig, zartbitter im Abgang), Kranewitte (Wacholder), Bitter-Lemon mit Orange, Williams Birne (fein parfümierte Frucht, rund und ausgewogen) Vernatsch-Trauben (ein echter Grappa) und andere Früchte, sowie die verschiedensten Liköre.

UNSERE RECHNUNG

0,350 ml Marillenbrand	*€ 19,50*
0,350 ml holzgelagerter Zwetschgenbrand	*€ 17,00*
0,350 ml Sauerkirschlikör	*€ 11,00*
0,350 ml Muskatellerbrand	*€ 16,00*
Gesamtsumme	***€ 63,50***

August 2008

6 SONNENPROMENADE NACH SCHLANDERS

TECHNISCHE DETAILS

Wanderung
Leichter Spaziergang

Jahreszeit
Ganzjährig

Gehzeit
Ca. 1 Std.

Höhenunterschied
Gering

Anfahrt
Durch den Vinschgau bis nach Vetzan

Parken
Parkmöglichkeit beim Café Weingart in Vetzan

Der Spaziergang quert den unteren Sonnenberg und führt bis nach Schlanders.

Route: Das Auto lässt man am besten in Vetzan beim Café Weingart stehen. Dann geht es hinauf zum Weg 13, der am Sonnenberg entlang nach Schlanders führt. Der fast ebene Weg oberhalb von Schlanders führt an den letzten Rebanlagen des Vinschgaus vorbei und mündet in den Waalweg, der als „Sonnenpromenade" ausgeschildert ist. Am Ende des Weges folgt der Abstieg ins Dorf. Mit dem Bus geht es zurück nach Vetzan. Nachdem man für den Hinweg jedoch nur eine Stunde braucht, kann man auch auf demselben Weg oder – ab der Sportzone – auf dem Weg 12 zurück nach Vetzan wandern. Ideal auch für Kinder.

Variante: Eine etwas anspruchsvollere alpine Variante, die auch für Biker empfehlenswert ist, startet in St. Martin, das von Latsch aus mit der Seilbahn erreichbar ist. Der Weg 14 („Schlanders" ist ausgeschildert) führt über die Höfe des steilen Sonnenberges. Bei Patsch geht es links hinunter nach Vetzan (Gehzeit 2 ½ Stunden). Biker benutzen die Höfestraße (Höhenunterschied Abstieg: 1100 m).

Die Ortschaft Schlanders

GUTSCHEIN
im Wert von 8,00 €
und von 40,00 €
auf Seite 168

Café & Ferienwohnungen Weingart
Schlanders
Tel. 0039 0473 742035
www.weingart.com
Öffnungszeiten: ganzjährig von 7 bis 19 Uhr
Ruhetag: Montag

TOP, WEIL ...

man zwischen einem Spaziergang oder einer alpinen Sonnenbergwanderung wählen kann und auch Mountainbike-Fans auf ihre Kosten kommen. Darüber hinaus ist das Café Weingart nebst Laden ein Geheimtipp.

CAFÉ & FERIENWOHNUNGEN WEINGART

Das Café, das von einer jungen Familie geführt wird, lädt die Gäste mit seinem schönen Garten zum Verweilen ein.
Man sitzt im Schatten von Reben und Rosskastanien, die Kinder können auf dem Kinderspielplatz unter dem Nussbaum spielen. Zum Café gehört auch der angrenzende Dorfladen, in dem es viele einheimische Produkte und Vinschger Weine zu kaufen gibt – die meisten stammen von den umliegenden Bauern.

Aus der Speisekarte: Auf der Karte stehen verschiedene Eisspezialitäten und Früchtebecher – Marillen, Erdbeeren und Waldfrüchte stammen aus dem Vinschgau. Es gibt sogar einen „Feinschmeckerteller" mit allen Eissorten. Darüber hinaus sind auch kleine Gerichte im Angebot, z. B. ein Käseteller mit verschiedenen Käsespezialitäten aus dem Vinschgau und Passeier, Rindfleisch und Kalbskopf (sauer) sowie eine „Speckmarende" (Brotzeit) mit Speck vom kleinen Dorfmetzger, der nach altem Selchverfahren hergestellt wird.

UNSERE RECHNUNG

Speck und Käse	*€ 8,50*
Kalbskopf (sauer)	*€ 8,50*
Feinschmeckerteller	*€ 8,00*
2 Gläser Riesling	*€ 4,00*
½ l Mineralwasser	*€ 1,80*
Gesamtsumme	***€ 30,80***

Juli 2008

7 WANDERUNG ZU DEN RUINEN VON MONTANI

TECHNISCHE DETAILS

Wanderung
Leichte Rundwanderung mit wenig steilen Anstiegen

Jahreszeit
Frühjahr bis Spätherbst

Gehzeit
3 ½ Stunden

Höhenunterschied
200 m

Anfahrt
Auf der Vinschger Staatsstraße nach Latsch und von dort zum Sportzentrum

Parken
Beim Sportzentrum

Die Tour führt von Latsch auf dem alten Waalweg zur Burganlage Montani und durch die Obstgüter und auf dem Mareinwaalweg zurück.

Route: In Latsch (Parkmöglichkeit beim Sportzentrum) nimmt man den Weg 5 bis zum Eisstadion, um das man links herumgeht. So gelangt man auf den Waldweg, der zum Waalweg hinaufführt. Auf dem schönen Weg, immer mit der Markierung 5 ausgeschildert, wandert man fast eben bis nach Montani. Dort trifft man auf eine Straße und geht auf dieser ein kurzes Stück abwärts bis zur Burgruine Obermontani und weiter zur Ruine Untermontani. Der Waalweg bietet immer wieder schöne Ausblicke über den Vinschgau. Weiter geht es auf dem Mareinwaalweg durch Obstgüter und später dann durch den Wald hinunter bis zur Einkehr „Bierkeller". Ein breiter Wirtschaftsweg bringt den Wanderer zum Eisstadion zurück, hier schließt sich die Rundwanderung.

Ruine Untermontani

GUTSCHEIN
im Wert von 6,80 €
auf Seite 169

Bierkeller Latsch
Latsch
Tel. 0039 0473 623208
www.bierkeller-latsch.com
Öffnungszeiten:
März bis Dezember
Ruhetag: Montag, außer an Feiertagen

TOP, WEIL ...

man auf einem alten Waalweg zu den geschichtsträchtigen Ruinen von Montani wandern kann und am Waldrand eine schattige Einkehr wartet.

BIERKELLER LATSCH

Der Bierkeller besteht schon seit 1872 und früher wie auch heute noch wird, wie der Name schon sagt, Bier gelagert. Heute ist er auch eine bekannte Einkehr an schönen Waal- und Wanderwegen.

Das Ambiente in der Stube im ersten Stock ist gemütlich und rustikal, draußen sitzt man im schattigen Waldgarten. Die Spezialität des Hauses sind Grillgerichte und Fassbier. Doch auch die Weinkarte enthält eine große Auswahl an Südtiroler und italienischen Weinen, viele davon werden glasweise ausgeschenkt.

Aus der Speisekarte: Unbedingt zu empfehlen sind die Grillspezialitäten wie Schweinshaxe, Rippelen (Spareribs) und Hühnchen. Es gibt auch eine zünftige „Tiroler Marende" mit Speck, Kaminwurzen und Käse. Das Bier wird ausschließlich vom Fass gezapft: hell, dunkel und Weizen. Der Apfelstrudel – nach einem alten, geheimen Familienrezept gebacken – lohnt die Einkehr.

UNSERE RECHNUNG

Schweinshaxe vom Holzgrill	*€ 8,70*
½ Huhn vom Grill	*€ 7,50*
Krautsalat mit Speck	*€ 3,50*
Röstkartoffeln mit Rosmarin	*€ 2,50*
Hausgemachter Apfelstrudel	*€ 2,50*
2 große Biere (0,4 l)	*€ 6,80*
Gesamtsumme	***€ 31,50***

August 2008

8 SCHLOSS JUVAL UND DER STABENER WAALWEG

TECHNISCHE DETAILS

Wanderung
Leichte Rundtour mit einigen steileren Passagen

Jahreszeit
Frühjahr bis Spätherbst

Gehzeit
Aufstieg 1 ¾ Stunden bis zum Schlosswirt, Abstieg 1 Stunde

Höhenunterschied
350 m

Anfahrt
Von Meran kommend, Einfahrt Staben nach dem Tunnel

Parken
Gegenüber vom Gasthaus Kochenmoos

Die Tour führt über zwei Waalwege zum Schloss Juval und zum Schlosswirt.

Route: In Staben, gleich hinter dem neuen Gasthaus Kochenmoos, geht der Weg steil den Sonnenberg hinauf zum Stabener Waalweg, dem man (nach links) durch die Kulturlandschaft bis zum Hinweisschild „Schloss Juval" folgt. Der Weg führt, etwas steil, durch Mischwald zum Juvalwaal, der rechts zum Sonnenberg führt. Beim Sonnenhof steigt man links über den Plattenweg hinauf zum Schloss Juval oder man folgt dem Waal direkt bis zum Schlosswirt. Der Abstieg nach Staben erfolgt über die Straße. Es gibt auch einen Shuttle-Bus. Eine andere Möglichkeit ist der Rückweg durch den Tunnel zum Sonnenhof und der Abstieg an der Sonnenseite, wo man wieder auf den Stabener Waalweg trifft.
Variante: Von Staben fährt man mit dem Bus ins Schnalstal bis Altrateis und beginnt dort die Wanderung über den Juvalwaal bis zum Schlosswirt; Rückweg wie oben beschrieben. (Gehzeit: 2 ½ Stunden)
Besonderheiten der Gegend: Das Schloss Juval, das Reinhold Messner gehört, kann mit einer Führung besichtigt werden.

Reinhold Messners Schloss Juval

GUTSCHEIN
im Wert von 30,00 €
auf Seite 169

Schlosswirt Juval
Naturns
Tel. + Fax 0039 0473 668056
www.schlosswirtjuval.it
Öffnungszeiten:
März bis November
Ruhetag: Mittwoch

SCHLOSSWIRT JUVAL

Frische und ehrliche Küche mit Produkten vom dazugehörigen Bauernhof. Der Gasthof befindet sich in einem alten Bauernhaus, das Reinhold Messner gehört. Drinnen ist es urig und gemütlich, aber auch im Freien lässt es sich gut sitzen.

Aus der Speisekarte: Auf den Tisch kommen nicht nur Gerichte der Tiroler, sondern auch der mediterranen Küche, z. B. hausgemachte Speckknödel, Spinatnocken, Käsenocken oder „Makkaroni Monika" (Lauch, Peperoncino, Tomatensoße, Knoblauch, Sahne, Fleischragout und Petersilie). Das Rindsgulasch hat eine herrlich cremige Soße, weil hier Zwiebeln und Fleisch zu gleichen Teilen geschmort werden. Jeden Donnerstag wechselt die „Spezialitätenkarte": Im Frühjahr stehen darauf z. B. hausgemachte Ravioli mit Spargelfüllung, Lauchbutter und Parmesan oder Kastelbeller Spargel mit Bozner Soße und Schinken vom hofeigenen Ferkel. Aus eigener Herstellung ist auch alles, was auf dem „Juvaler Brettl" angeboten wird: Salami, Speck, Bündnerfleisch, ein Jahr lang gereifter Almkäse, Butter und Feigen-Mostarda. Für Leckermäuler gibt es Vinschger Schneemilch mit Orangenkaramell, einen Schoko-Wein-Kuchen oder auch Buchweizen- und Karottenkuchen. Extra Karte für kleine „Schlossgespenster". Neben Vinschger Kräuterteemischungen werden Säfte vom Kandlwaalhof und aus Martell serviert. Die Weine stammen alle aus Südtirol, vor allem aus dem Vinschgau; offen ausgeschenkt werden ein Weißburgunder und ein Vernatsch aus alten Reben. Die vorzüglichen Eigenbauweine vom nahen Unterortlhof sind alle im Angebot; 25 Edelbrände vom Unterortl- und Brunnerhof machen die Wahl zur Qual.

TOP, WEIL ...

die Wanderung über einmalig schöne Waalwege führt, ein kurioses Schloss zum Besuch einlädt und das Essen und die Weine beim Schlosswirt ausgezeichnet sind.

UNSERE RECHNUNG

„Juvaler Brettl" mit hofeigenen Produkten	*€ 13,80*
Hausgemachte Ravioloni, gefüllt mit Kastelbeller Spargel	*€ 10,80*
Vinschger Schneemilch	*€ 4,00*
½ l Weißburgunder	*€ 4,80*
½ l Mineralwasser	*€ 1,90*
Gesamtsumme	***€ 35,30***

Mai 2008

9 AUF DEM MERANER HÖHENWEG ÜBER NATURNS

TECHNISCHE DETAILS

Wanderung
Leichte Rundtour mit etwas steilem Abstieg

Jahreszeit
Frühjahr bis Spätherbst

Gehzeit
3–3 ½ Stunden

Höhenunterschied
Aufstieg 200 m,
Abstieg fast 900 m

Anfahrt
Mit Bahn oder Bus nach Naturns; die Bushaltestelle befindet sich direkt an der Seilbahn Unterstell am westlichen Rand des Dorfes.

Parken
Parkmöglichkeiten an der Seilbahn

Der Sonnenberg ist ein herrliches Wandergebiet; eine Seilbahn führt bequem in die Höhe.

Route: Naturns kann man bequem mit der Bahn oder mit dem Bus erreichen (Haltestelle direkt an der Seilbahn am westlichen Dorfrand), aber auch Parkplätze gibt es reichlich. Die neue Seilbahn bringt den Wanderer schnell und bequem nach Unterstell. Von hier steigt man kurz zum ausgeschilderten Meraner Höhenweg (Nr. 24) auf, der die gesamte Texelgruppe (Wochentour) umrundet. Der Abschnitt von Unterstell zum Pirchhof ist ein gemütlicher Spaziergang. Der Weg führt über Galmein und Grub fast eben nach Osten und das letzte Stück auf dem Höfeweg hinauf zum Pirchhof. Der Abstieg Richtung Naturns erfolgt auf Weg 6. Auf halber Höhe trifft man auf den Wallburgweg. Hier steigt man, immer der Beschilderung folgend, zur Seilbahnstation ab. Wer die Tour mit dem Mountainbike machen möchte, der erreicht den Pirchhof über die Höfestraße (Höhenunterschied 900 m).
Besonderheiten: Das Naturparkhaus in Naturns vermittelt alles Wissenswerte über den Naturpark Texelgruppe. Zu sehen sind Schautafeln, Tierpräparate und Gesteinsproben.

Schnalstal, Naturns und die Texelgruppe

GUTSCHEIN
im Wert von 10,00 €
auf Seite 170

auf Seite 170

Hofschank Pirchhof
Naturns
Tel. 0039 0473 667812
www.pirchhof.com
Öffnungszeiten:
April bis November
Kein Ruhetag

TOP, WEIL ...

der Sonnenberg das ganze Jahr über zu den schönsten Wanderzielen gehört und der Meraner Höhenweg – von Naturns aus mit der Seilbahn erreichbar – zum Pirchhof, der besten Einkehr am Sonnenberg, führt.

HOFSCHANK PIRCHHOF

Der Bauernhof mit der prächtigen Aussicht liegt am steilen Sonnenberg hoch über Naturns. Der Hofschank ist nicht nur auf Tagesausflügler, sondern auch auf Übernachtungsgäste eingestellt. Eine Ferienwohnung, zwei Doppelzimmer sowie ein Matratzenlager stehen für Wanderer bereit. Zum Essen kann man in der Stube oder im Freien sitzen.

Aus der Speisekarte: Die in der Küche verarbeiteten Produkte stammen, wie es sich für einen Hofschank gehört, zum größten Teil aus eigener Aufzucht bzw. eigenem Anbau. Es gibt typische Tiroler Hausmannskost: verschiedene Arten von Knödeln, Ziegen- und Lammbraten, Speck und Bergkäse. Die Mehlspeisen, darunter Bucheln und Krapfen, sind hausgemacht. Ebenso wie der herrliche Kaiserschmarrn, den man als Hauptgericht oder auch als Nachspeise bestellen kann. Ein Eigenbauwein wird auf dem Bergbauernhof nicht gekeltert, dafür empfiehlt der Wirt einen Blauburgunder aus Kastelbell.

UNSERE RECHNUNG

Speckknödelsuppe	*€ 3,50*
Gemischter Salat	*€ 3,00*
Lammbraten mit Röster und Gemüse	*€ 12,00*
Apfelstrudel mit Vanillesoße	*€ 2,50*
1 Fl. Blauburgunder	*€ 15,00*
½ l Mineralwasser	*€ 1,50*
Gesamtsumme	***€ 37,50***

März 2008

10 RADWANDERUNG IM UNTEREN VINSCHGAU

TECHNISCHE DETAILS

Radtour
Leichte Tour für Jedermann; auch mit dem Citybike machbar

Zeit
2 Stunden

Höhenunterschied
Gering

Anfahrt
Auf die Töll gelangt man von Meran aus nicht nur mit dem Auto, sondern auch mit der Vinschger Bahn.

Parken
Parkplatz auf der Töll oder beim Bahnhof Rabland

Eine einfache Radtour oder eine bequeme Dorfwanderung im unteren Vinschgau.

Route: Von der Töll geht es auf dem Vinschger Fahrradweg an der Etsch entlang bis nach Naturns, wo die ausgeschilderte Route auf die andere Talseite wechselt und durch Obstgüter bis nach Kastelbell führt. In Kastelbell wechselt man erneut die Talseite und radelt auf dem Etschdamm zurück nach Rabland bzw. weiter auf die Töll. Das ist die gemütlichste Variante, man kann natürlich auch auf dem ausgewiesenen Fahrradweg von Meran zur Töll radeln oder die Tour bis weit in den Vinschgau fortsetzen; eine andere Möglichkeit ist es, mit der Vinschger Bahn bis zu einer beliebigen Haltestelle (Mals ist Endstation) zu fahren und den Rückweg mit dem Rad anzutreten.

Alternative für Wanderer: Vom Bahnhof Rabland wandert man ins Dorf Rabland und von dort durch die Obstgüter weiter nach Partschins (sehenswert: Schreibmaschinen-Museum „Peter Mitterhofer"). Auf dem Gehsteig entlang der Straße läuft man dann zur Töll hinunter und über die Staatsstraße und den Radweg zurück zum Ausgangspunkt am Bahnhof Rabland. (Gehzeit: 2 ½ Stunden)

Schloss Goldrain mit dem Ifinger

GUTSCHEIN
im Wert von 10,00 €
auf Seite 170

Restaurant Cutraunstube
Rabland/Partschins
Tel. 0039 0473 968033
cutraunstube@dnet.it
Öffnungszeiten: ganzjährig
von 8 bis 23 Uhr
Ruhetag: Sonntag

TOP, WEIL ...

eine Radtour ins Vinschgau, besonders im Frühjahr, sehr reizvoll ist und die Cutraunstube feine Schmankerln bietet.

CUTRAUNSTUBE

Die Einkehr ist für Radtouristen ebenso geeignet wie für Ausflügler und liegt dorfeinwärts 150 m vom Bahnhof Rabland entfernt. Das Ambiente ist rustikal, im Freien sitzt man auf einer großen Sonnenterrasse. Die Küche ist tirolerisch mit mediterranem Einschlag.

Aus der Speisekarte: Die Speisekarte bietet für jeden Geschmack und Hunger etwas: Rindfleisch oder Kalbskopf sauer, Kaiserschmarrn, „Schinkenschöberl" in Consommé (Schmarrnteig mit Schinkenfüllung), Hirschcarpaccio auf Salat mit Pfifferlingen und Parmesan, Gemüserisotto mit Knoblauchgarnelen, gegrillte Lammkoteletts mit Kartoffelrösti und Gemüse. Hausgemacht sind der Obstsalat und das Halbgefrorene. Freitags stehen auch Fischgerichte zur Auswahl: Zander im Speckmantel oder mit Kräuterkruste, Lachs in Schnittlauchsoße, Goldbrasse vom Grill mit Schnittlauch-Kartoffeln. Verschiedene selbst gebackene Obsttorten und Kuchen runden das Menü ab oder begleiten den Nachmittagskaffee.

UNSERE RECHNUNG

Gemüserisotto mit Knoblauchgarnelen (Hauptspeise)	*€ 8,90*
Cutraunspieß mit Pommes und Gemüse	*€ 14,20*
Kaiserschmarrn	*€ 6,00*
1 Glas Sauvignon „Winkl"	*€ 2,70*
1 Glas Lagrein „Rottensteiner"	*€ 2,50*
½ l Mineralwasser	*€ 1,70*
Gesamtsumme	***€ 36,00***

April 2008

Pilshöfe im hintersten Ultental

TOP 10 MERAN, PASSEIERTAL & ULTENTAL

1 PARTSCHINSER WAAL- UND URWEG

TECHNISCHE DETAILS

Wanderung
Leichte Rundtour

Jahreszeit
Ganzjährig

Gehzeit
2 ½ Stunden

Höhenunterschied
250 m

Anfahrt
Mit dem Auto von Algund nach Oberplars zum Gasthof Köstenwaldele

Parken
Beim Gasthaus Köstenwaldele

Diese Frühlings- und Herbsttour ist eine Rundwanderung, die, am Fuße der Texelgruppe, durch Wiesen und Mischwald von Oberplars nach Partschins und zurückführt.

Route: Mit dem Auto fährt man von Algund nach Oberplars; 200 m oberhalb der Kirche biegt man links zum Gasthaus „Köstenwaldele" ab (Parkmöglichkeiten). An dieser Stelle beginnt die Wanderung. Auf dem Weg „P" – Beschilderung „Partschins" – geht es ins Dorf. Dann folgt man der Beschilderung „Wasserfall" und wandert durch das Dorf, immer die Straße entlang, bis zum Wanderweg 8, der rechts zum Waalweg abbiegt. Auf dem sehr schön ausgebauten Waalweg geht es weiter. An seinem Ende steigt man, immer der Beschilderung „Partschins" folgend, ins Dorf ab, wo man wieder auf den Weg „P" trifft, der zum „Köstenwaldele" zurückführt.

Besonderheiten: Im Schreibmaschinenmuseum „Peter Mitterhofer" in Partschins sind nicht nur 1200 Schreibmaschinentypen, darunter auch das von Mitterhofer 1864 konstruierte Holzmodell, zu sehen, sondern auch Werbeplakate und Fotos.

Die Waalwege, uralte Bewässerungssysteme

RESTAURANT KÖSTENWALDELE

Das Landgasthaus in Oberplars liegt etwas versteckt im sogenannten „Köstenwaldele", einem Kastanienhain. In den zwei Gaststuben und auf den Holzbalkonen lässt es sich schön sitzen.

Aus der Speisekarte: Die Speisekarte ist saisonal ausgerichtet und sehr abwechslungsreich. Im Frühling werden zum Beispiel hausgemachte Nudeln mit Spargel serviert, im Sommer gibt es Pilzgerichte. Im Herbst ist das Gasthaus ein beliebter Ort zum „Törggelen", dann gibt es Kastanien, Hauswürste, Kraut und spezielle Kastaniengerichte: aus Kastanienmehl hergestellte Nudeln, Spätzle, aber auch Kastaniensuppe, Tiramisu und Kastanienmousse oder Kastanien in Cognac mit diversen Eisspezialitäten .

GUTSCHEIN
im Wert von 15,00 €
auf Seite 171

Restaurant Köstenwaldele
Oberplars/Algund
Tel. 0039 0473 448374
www.koestenwaldele.com
Öffnungszeiten:
Anfang März bis Ende November von 8 bis 23 Uhr
Ruhetag: Donnerstag

TOP, WEIL ...

die gemütliche Rundwanderung im Burggrafenamt über herrliche Waal- und Urwege führt und sich die Einkehr im Restaurant Köstenwaldele lohnt.

UNSERE RECHNUNG

Kartoffel-Apfel-Cremesuppe	*€ 4,50*
Kartoffelteigtaschen	*€ 10,50*
Lammfilet mit grünem und weißem Spargel	*€ 20,00*
½ l Weißburgunder	*€ 5,50*
Gesamtsumme	***€ 40,50***

März 2008

2 ÜBER DIE GILFPROMENADE ZUM TAPPEINERWEG

TECHNISCHE DETAILS

Wanderung
Klassischer Spaziergang

Jahreszeit
Ganzjährig

Gehzeit
1 ½ Stunden

Höhenunterschied
100 m

Anfahrt
Meran ist nicht nur mit dem Auto, sondern auch mit Bus oder Bahn hervorragend zu erreichen.

Parken
Zentral liegt das Parkhaus bei den Thermen.

Der Spaziergang von der Promenade in der „Gilf" zum Tappeinerweg gehört zu den Klassikern.

Route: Der Spaziergang beginnt beim Thermenplatz in Meran. Zuerst geht es auf der Brücke über die rauschende Passer. Auf der anderen Uferseite spaziert man bis zur Wandelhalle und über die Gilfpromenade weiter bis zum Tappeinerweg. Am Pulverturm führt der Weg durch mediterrane Vegetation, die gerade im Frühjahr, wenn die umliegenden Berge noch schneebedeckt sind, ein kontrastreiches Bild bietet. Beim Café Saxifraga kann man über Stufen zur Pfarrkirche absteigen oder man folgt dem Weg noch ein Stückchen und gelangt dann über einen schönen Serpentinenweg ins Stadtzentrum zurück.

Variante: Empfehlenswert ist ein Spaziergang auf dem Tappeinerweg bis nach Gratsch.

Besonderheiten der Gegend: Der Spaziergang führt an einigen Sehenswürdigkeiten von Meran vorbei: am Kurhaus, am mittelalterlichen Pulverturm (Wehrturm der alten Stadtmauer), an der Pfarrkirche St. Nikolaus oder an der Landesfürstlichen Burg – eine Besichtigung lohnt sich.

Die Villa Saxifraga mit Blick auf den Tschigat

GUTSCHEIN
im Wert von 15,50 €
auf Seite 171

Saxifraga Stub'n
Meran
Tel. 0039 0473 239249
www.saxifraga.it
Öffnungszeiten:
März bis Jänner
Ruhetag: Dienstag
(außer April bis Mai, September bis Oktober)

TOP, WEIL ...

man bei diesem Spaziergang von der Gilfpromenade zum Tappeinerweg und von der Einkehr ins Café Saxifraga so herrlich auf Meran herunterschauen kann.

SAXIFRAGA STUB'N

Die einzigartige, verspielte Tiroler Villa am Tappeinerweg ist nicht nur wegen ihrer herrlichen Lage eine lohnende Einkehr.
Das Haus verfügt über viele Sitzplätze in den Stuben und im Freien. Der Ausblick, den man auf Meran hat, ist atemberaubend. Die Küche bietet mediterrane und Tiroler Kost, alles frisch und, so weit möglich, hausgemacht.

Aus der Speisekarte: Serviert werden Getreide-Reis-Salat nach mediterraner Art, Apfel-Chilli-Cremesuppe, hausgemachte Tortelloni mit Fischfüllung auf Zitronenspiegel, Schweinelendchen mit frischen Pfifferlingen auf Pilaw, aber auch eine Südtiroler „Brettl-Jause" mit Speck und Kaminwurzen ist zu haben. Die Auswahl an Südtiroler Käsespezialitäten und hausgemachten Kuchen zum Dessert – z. B. Strudel, Erdbeer-Joghurt-Torte, Zwetschgendatschi, Marillenknödel, Sacher- und Buchweizentorte – ist groß.
Ausgeschenkt werden Eigenbauweine wie Vernatsch, Cabernet-Sauvignon, Merlot Rosé, Chardonnay und Lagrein. Auch ein eigenes Hausbier – hell, dunkel und Hefe – ist im Angebot.

UNSERE RECHNUNG

Dreierlei Knödel	*€ 8,50*
Feurige Spareribs mit Krautsalat	*€ 12,90*
Apfelstrudel	*€ 3,00*
½ l Rotwein (Vernatsch)	*€ 9,90*
½ l Mineralwasser	*€ 2,20*
Gesamtsumme	***€ 36,50***

Juni 2008

3 ZUM SCHLOSS TIROL ÜBER DAS FARMERKREUZ

TECHNISCHE DETAILS

Wanderung
Klassische Rundwanderung

Jahreszeit
Ganzjährig

Gehzeit
2 ½ Stunden

Höhenunterschied
200 m

Anfahrt
Mit dem Bus oder Auto nach Dorf Tirol

Parken
Zwei gebührenpflichtige Parkplätze gleich am Ortseingang

Diese Rundwanderung im Meraner Land ist eine klassische Ganzjahreswanderung.

Route: Die Tour beginnt bei der „Falkner Promenade", gleich am Dorfeingang von Dorf Tirol (gegenüber dem Parkplatz), die später in den Schlossweg übergeht und den Wanderer durch das Knappenloch (Tunnel) und den Köstengraben zum Schloss Tirol bringt. Der breite Weg führt zum Burgbach, wo, auf der rechten Seite vor der Brücke, der ausgeschilderte Steig „Farmerkreuz" beginnt. Etwas steil, dafür aber schattig, geht es nun, vorbei an den Erdpyramiden, bergauf zum Bauern- und Gasthof Farmerkreuz. Für den Rückweg nimmt man den Weg mit der Beschilderung „Dorf Tirol", durchquert den Ort und gelangt so wieder bis zum Parkplatz.
Variante: Vom Farmerkreuz kann man über den Trimm-dich-Pfad zum Tiroler Kreuz aufsteigen. Zu Fuß oder mit dem Bus geht es dann zurück nach Dorf Tirol.
Besonderheiten der Gegend: Schloss Tirol, das Stammschloss der Grafen von Tirol, stammt aus dem 12. Jahrhundert und beherbergt das Südtiroler Landesmuseum für Kultur- und Landesgeschichte. Die modern gestaltete Geschichtsdokumentation und ständig wechselnde Ausstellungen sind sehenswert. Unterhalb von Schloss Tirol liegt die Brunnenburg, in der sich neben einem Landwirtschaftsmuseum eine Gedenkstätte für den Dichter Ezra Pound befindet.

Schloss Tirol gegen die Ortlergruppe

GUTSCHEIN
im Wert von 8,00 €
und von 68,00 €
auf Seite 172

Culinaria im Farmerkreuz
Dorf Tirol
Tel. 0039 0473 923508
www.farmerkreuz.com
Öffnungszeiten: ganzjährig von 11 bis 16 Uhr und von 18 bis 24 Uhr
Ruhetag: Sonntagabend und Montag

TOP, WEIL ...

die Rundwanderung zu allen Jahreszeiten schön ist und nicht nur zur Tiroler Geschichte und zum herrlichen Schloss Tirol führt, sondern auch zu einer sehr interessanten Einkehr.

CULINARIA IM FARMERKREUZ

Der Geheimtipp für Genießer. Das Ambiente ist minimalistisch, modern und geradlinig gestaltet. Die Lage des Restaurants und die große Terrasse bieten einen der schönsten Ausblicke auf Meran und seine Umgebung. Die junge Mannschaft kreiert leichte und frische Gerichte mit regionalen und internationalen Zutaten.

Aus der Speisekarte: Mittags gibt es zusätzlich eine kleine Karte für Wanderer, abends werden ausgefallene Gerichte für Feinschmecker angeboten. Serviert werden dann leichte und „erlebnisreiche" Gerichte, z. B. Ravioli von der geschmorten Kalbsbacke, grüne Spargelmousse mit Black-Tiger-Garnelen, gefülltes Perlhuhnbrüstchen auf Tomaten-Artischocken-Ragout, gebratenes Zackenbarschfilet auf Kartoffel-Lauch-Beet, gebackenes Schokoladentörtchen mit Rumsahne und Passionsfruchtmark. Viele Spitzenweine aus Südtirol und Italien werden auch glasweise angeboten. Abends Reservierung empfehlenswert.

UNSERE RECHNUNG

Carpaccio von der geräucherten Entenbrust mit Butterbrioche	*€ 12,80*
Kraftbrühe mit Löwenzahnraviolo und Campari	*€ 7,20*
Geschmorte Rindswange mit Schaumkartoffeln und Kaiserschoten	*€ 17,80*
2 Gläser Blauburgunder	*€ 6,00*
Gesamtsumme	***€ 43,80***

Mai 2008

4 AUF DEN SPUREN VON ANDREAS HOFER

TECHNISCHE DETAILS

Wanderung
Leichte Rundwanderung

Jahreszeit
Ganzjährig

Gehzeit
2 ½ Stunden

Höhenunterschied
150 m

Anfahrt
Von Meran fährt man – mit dem Auto oder mit dem Bus – durch das Passeiertal bis nach St. Martin.

Parken
Beim Brauhaus Martinerhof

Diese gemütliche Rundwanderung führt auf dem Europäischen Fernwanderweg zum Geburtshaus des Tiroler Freiheitskämpfers Andreas Hofer.

Route: Die Tour startet in St. Martin am „Martinerhof" (dort kann man auch parken). Nach der Überquerung der Hauptstraße und der Passer geht man erst ein Stück auf dem Passerweg taleinwärts, dann rechts durch Wiesen hinauf (1A) bis zur Einkehr „Pfeiftal". Hier trifft man auf den Europäischen Fernwanderweg E 5, dem man bis zur Pfarrkirche in St. Leonhard folgt. Unterwegs kann man einen kurzen Abstecher zu einem Wasserfall machen. In St. Leonhard läuft man durch das Dorf, vorbei am Büro der Tourismusinformation, bis zum Passerweg und über den ausgeschilderten hübschen Gandellen Weg hinüber zum Sandwirt. Von dort führt der Passerweg gemütlich zurück zum Ausgangspunkt in St. Martin.
Variante: Von Meran aus kann man auf dem gut ausgeschilderten Radweg entlang der kühlen Passer bis nach St. Martin (rund 14 km) oder bis nach St. Leonhard radeln.
Besonderheiten der Gegend: Der „Sandwirt" in Passeier ist das Geburtshaus von Andreas Hofer. Hier gibt es ein neues Museum samt Freilichtbauernmuseum und eine Gedächtniskapelle zu besichtigen.

St. Martin und St. Leonhard in Passeier

GUTSCHEIN
im Wert von 8,00 €
auf Seite 172

Brauhotel-Pizzeria-Restaurant Martinerhof
St. Martin in Passeier
Tel. 0039 0473 641226
www.martinerhof.it
Öffnungszeiten: ganzjährig von 8 bis 24 Uhr
Kein Ruhetag

TOP, WEIL …

man auf dieser leichten Rundwanderung nicht nur viele Informationen zur Geschichte des Passeiertals bekommt, sondern auch das Bier vom Martinerhof ein Genuss ist.

BRAUHOTEL-PIZZERIA-RESTAURANT MARTINERHOF

Der Martinerhof ist ein Gasthaus mit eigener Brauerei, eine Besonderheit in Südtirol.
Das Gasthaus liegt mitten im Dorf und verfügt über mehrere Gaststuben und eine Terrasse. Das „Martinsbräu", vier Wochen zur Reifung gelagert, ist die Spezialität des Hauses. Der Braumeister überrascht immer wieder mit neuen Bierkreationen, die zur bodenständigen Kost, aber auch zur feinen Südtiroler Küche passen. Das Bier ist naturtrüb, unfiltriert und sehr bekömmlich.

Aus der Speisekarte: Serviert werden herzhafte Gerichte der Tiroler Küche, täglich wechselnde Fleisch- und Fischgerichte, kreative Südtiroler und mediterrane Vorspeisen sowie Pizza aus dem Holzofen.

UNSERE RECHNUNG

Pizza prosciutto e funghi	*€ 8,00*
Spaghetti mit Muscheln	*€ 9,00*
2 hausgebraute Biere (0,50 ml) vom Holzfass	*€ 8,00*
Gesamtsumme	***€ 25,00***

März 2008

5 ALMRUNDWANDERUNG ÜBER DEN JÄGERSTEIG

TECHNISCHE DETAILS

Wanderung
Alpine Rundwanderung ohne besondere Schwierigkeiten

Jahreszeit
Frühsommer bis Spätherbst

Gehzeit
3 ½ Stunden vom Wanser aus, 4 Stunden vom Jägerhof

Höhenunterschied
565 m

Anfahrt
Walten liegt an der Jaufenpassstraße, das Wansertal ist von Walten aus mit dem Auto oder von Innerwalten zu Fuß zu erreichen.

Parken
Beim Jägerhof oder beim Wanserhof

Die Tour von Alm zu Alm führt in eine sehr ruhige Ecke Südtirols, gleich hinter dem Jaufenpass.

Route: Der Start erfolgt beim Jägerhof in Walten, den man mit dem Auto oder zu Fuß vom Gast- und Bauernhof Wanser aus erreicht. Der Fußweg führt am Gasthof Innerwalten rechts hinunter. Beim Wanser nimmt man den Weg 12, dem man rechts ins Sailertal, immer am Bach entlang, zur ausgeschilderten „Seebergalm" folgt. Der Weg führt nun links zum Seebergsee, über dem sich die Seebergspitze erhebt. Der nun beginnende Jägersteig (14) überwindet den Höhenrücken zwischen den beiden Tälern und führt zur bewirtschafteten Wanseralm und weiter zur Moseralm. Der Abstieg erfolgt über den Steig 14 durch das Wansertal hinunter zum Wanser-Hof.

Besonderheiten der Gegend: Eine Fahrt ins Passeiertal lässt sich gut mit einem Besuch beim Sandwirt, dem Geburtshaus von Andreas Hofer, und im Gedächtnismuseums in St. Leonhard verbinden.

Im Talgrund die Ortschaft Walten

GUTSCHEIN
im Wert von 17,00 €
und von 24,00 €
auf Seite 173

Hotel Jägerhof
Walten/St. Leonhard i. Pass.
Tel. 0039 0473 656250
www.jagerhof.net
Öffnungszeiten: ganzjährig
Kein Ruhetag

TOP, WEIL ...

diese Almwanderung für die ganze Familie ein Naturerlebnis ist und der Jägerhof immer eine Einkehr wert ist.

HOTEL JÄGERHOF

Im Jägerhof hat man schon immer gut gegessen, heute ist das Passeirer Landgasthaus ein Treffpunkt für Freunde der gehobenen Südtiroler Bauernküche.
Im Mai werden im Restaurant die „Jägershof Heuhupfertage" organisiert, bei denen das Heu im Mittelpunkt steht. Die Küche setzt auf Frische und einheimische Produkte, viele Zutaten werden im Wald und auf den Wiesen selbst gesammelt. Der Speck kommt vom benachbarten Bauernhof. Die Standardkarte wechselt alle drei Wochen, auf der Wochenkarte findet man saisonale Angebote wie Spargel, Wildkräuter oder Kitz. Unbedingt probieren sollte man das fünfgängige Degustationsmenü. Verschiedene Qualitätsweine kann man glasweise genießen, darunter auch einige Bioweine.

Aus der Speisekarte: Besondere Spezialitäten sind: Bachsaibling im Heubadl – der Fisch wird im Heu gedämpft –, Schwarzbrotknödel mit Graukäsesoße, Kartoffel-Kräuter-Käse-Terrine, Bergkäsesüppchen mit Bauernbrot, hausgemachte Schlutzkrapfen mit Radieschenblättern gefüllt, Wildkräutersalat mit Auberginen-Ziegenkäse-Röllchen, Wildpreiselbeeren-Halbgefrorenes, Buttermilch-Holunderbeer-Creme, Holunderblüten-Sorbet und Palatschinken mit Frühlingsfrüchten.

UNSERE RECHNUNG

Mariniertes Hirschcarpaccio	*€ 7,00*
Kartoffelgnocchi mit Bärlauchpesto	*€ 7,00*
Schmorbraten vom Gamsbock mit Beilage	*€ 15,00*
Rahmgefrorenes vom Löwenzahnblütenhonig	*€ 5,50*
2 Gläser Lagrein (Hausmarke)	*€ 6,00*
½ l Mineralwasser	*€ 2,00*
Gesamtsumme	***€ 42,50***

März 2008

6 AUF DEM SUNNENSEITNWEG IN ULTEN

TECHNISCHE DETAILS

Wanderung
Leichte Wanderung

Jahreszeit
Ganzjährig

Gehzeit
2 ½–3 Stunden

Höhenunterschied
400 m

Anfahrt
Von Lana fährt man durch das Ultental bis St. Walburg

Parken
Bei der Kirche oder unten an der Hauptstraße

Die Wanderung führt auf einem neu angelegten und beschilderten Weg von der Kirche in St. Walburg in Ulten zu den wunderschönen alten Bauernhöfen an der Sonnenseite des Tales.

Route: Die Wanderung beginnt in St. Walburg, und zwar auf dem Parkplatz bei der Kirche. Der durchgehend mit eigenen Schildern ausgewiesene Sunnenseitnweg führt zunächst auf der Höfestraße Richtung St. Helena. Der mittlere Höhenweg zweigt dann links ab und windet sich auf der Sonnenseite – hoch über dem Tal – entlang. Von hier hat man einen schönen Ausblick auf den Zoggler-Stausee und eine gute Fernsicht auf Hochwart und Ilmenspitze. Der Weg überwindet zwei Taleinschnitte und steigt dann, leicht abfallend, nach Kuppelwies ab. Von hier bringt der Linienbus den Wanderer zurück nach St. Walburg.

Variante: Man kann vom Sunnenseitnweg auch schon früher ins Tal absteigen (Beschilderung ist vorhanden) und dann über den Seeweg zurück nach St. Walburg wandern.

St. Walburg, der Zoggler Stausee und das Hasenöhrl

GUTSCHEIN
im Wert von 8,00 €
auf Seite 173

Gasthof Kirchsteiger
St. Walburg/Ulten
Tel. 0039 0473 795349
kirchsteiger@rolmail.net
Öffnungszeiten: ganzjährig
Ruhetag: Montag

TOP, WEIL ...

es sich auf der Sonnenseite des Ultentales herrlich wandern lässt und die Bauernhöfe entlang des Weges einmalig sind.

GASTHOF KIRCHSTEIGER

Das Gasthaus steht – wie der Name schon sagt – nahe bei der Kirche in St. Walburg.
Das Landgasthaus verfügt über eine Panoramaterrasse und einen Speisesaal.
Die verwendeten Produkte – Fleisch, Speck, Käse, Kräuter – stammen vorwiegend von Ultner Bauernhöfen. Im Herbst während der Lammwochen wird die Speisekarte von traditionellen Lammgerichten dominiert.

Aus der Speisekarte: Aufgetischt werden zu bestimmten Zeiten bzw. Anlässen des Jahres und auf Bestellung viele typische Gerichte der Gegend, z. B. Ultner Nudelteller (hier gibt es Nudeln aller Art – Kartoffelnudeln, Wurznudeln, Schneidnudeln), eingemachtes Kalbfleisch (weißes Kalbsgulasch) oder „Aufgestellte Firbänk" (eine Ultner Mohnsüßspeise). Alle Kuchen sind hausgemacht, erlesene Weine aus Südtirol und Italien werden auch glasweise ausgeschenkt.

UNSERE RECHNUNG

Rindfleisch sauer	*€ 7,00*
Hausgemachte Maccheroni mit Kräutern und Mozzarella	*€ 6,50*
Zigeunerspieß mit Pommes	*€ 10,00*
Dessertvariation	*€ 5,00*
½ l Rotwein	*€ 4,40*
½ l Mineralwasser	*€ 1,60*
Gesamtsumme	***€ 34,50***

Juni 2008

7 RUNDWANDERUNG ZUR FIECHTALM

TECHNISCHE DETAILS

Wanderung
Leichte Rundwanderung

Jahreszeit
Frühsommer bis Spätherbst

Gehzeit
2 ½ Stunden

Höhenunterschied
400 m

Anfahrt
Durch das Ultental bis nach St. Gertraud, hier zweigt die Straße nach Weißbrunn ab.

Parken
Gebührenpflichtiger Parkplatz am Weißbrunner See

Die leichte Rundwanderung führt im hintersten Ultental zu den Weißbrunner Seen und zur Fiechtalm.

Route: Das Auto lässt man in Weißbrunn stehen. Zunächst geht es kurz auf Weg 103 hinauf zur Weggabelung und dann auf Weg 107 über die Brücke bis zum Fischersee und zur oberen Weißbrunnalm. Nun folgt man links der Beschilderung Fiechtalm und wandert über den schönen Panoramaweg zur Alm. Der Rückweg zum Parkplatz in Weißbrunn ist kurz und ausgeschildert. Man kann von der Alm auch mit der Pferdekutsche zum Parkplatz zurückfahren.

Variante: Die Besteigung des Nagelsteins (2469 m) ist für geübte Wanderer einfach. Man geht von Weißbrunn, am See entlang, zur Fiechtalm und folgt dann der Beschilderung „Nagelstein". Der Weg führt etwas steil nach oben, dann geht es links auf dem Kamm entlang bis zum Gipfel, von wo aus man einen herrlichen Blick über das Ultental hat. Für den Rückweg nimmt man denselben Weg bis zur Fiechtalm. (Höhenunterschied 570 m, Gehzeit: 2 ½ Stunden)

Weißbrunn und die Gletscherzunge der Ortlergruppe

GUTSCHEIN
im Wert von 4,40 €
auf Seite 174

Fiechtalm
St. Gertraud/Ulten
Mobil 0039 333 4797746
oder 0039 333 6208295
Öffnungszeiten:
Mai bis Ende Oktober
Kein Ruhetag

TOP, WEIL ...

die Weißbrunner Seen im hintersten Ultental – sie gehören zum Nationalpark – ein herrlicher Flecken Natur sind und die Fiechtalm außergewöhnliche Gaumenfreuden bietet.

FIECHTALM

Den Wanderer erwartet eine zünftige Almwirtschaft mit eigener Käserei.
Die Spezialität der Alm ist der Ziegenkäse, auch mit Kuhmilch gemischt oder als Almkäse verarbeitet. Alle sechs auf der Alm produzierten Käsesorten sind aus Rohmilch hergestellt und werden zum Kauf angeboten. Den Frischkäse oder Zieger mit Kräutern sollte man unbedingt verkosten.

Aus der Speisekarte: Auf der Karte der Almwirtschaft stehen neben täglich wechselnden Tagesgerichten wie Kitz- und Lammbraten auch allerlei Gerichte mit Kräutern: Brennnesselknödel, Wildkräuternocken, Nocken vom Guten Heinrich, Wildkräutersalat mit gebackenem Ziegenkäse, Hirschgulasch mit Brennnesselspatzln. Der Speck wird selbst geräuchert und mindestens sieben Monate gelagert. Auch die Säfte aus Holunderblüten, Melisse und Minze sowie der Apfelstrudel sind hausgemacht. Zur Verdauung gibt es selbst „angesetzte" Schnäpse aus „Granten" (Preiselbeeren), Bachkresse und anderen Kräutern.

UNSERE RECHNUNG

Marend-Brettl Fiechtalm	*€ 9,00*
Käseknödel mit Almblüten	*€ 7,50*
Kitzbraten mit Brennnesselknödel	*€ 9,50*
Apfelstrudel	*€ 3,50*
½ l Rotwein	*€ 4,10*
½ l Mineralwasser	*€ 1,80*
Gesamtsumme	***€ 35,40***

Juli 2008

8 WANDERUNG ZUM KIRCHLEIN ST. HIPPOLYT

TECHNISCHE DETAILS

Wanderung
Leichte Rundwanderung im Mittelgebirge

Jahreszeit
Ganzjährig

Gehzeit
2 ½ Stunden

Höhenunterschied
100 m

Anfahrt
Von Lana gelangt man über die Gampenstraße nach Völlan.

Parken
Beim Vereinshaus gegenüber vom Gasthaus Kirchsteiger

Diese Wanderung über das Völlaner Mittelgebirge ist im Frühling und im Herbst besonders schön, doch auch im Sommer spenden der Mischwald und die Kastanien eine angenehme Kühle. Der Hügel mit dem Kirchlein St. Hippolyt hat eine geheimnisvolle Ausstrahlung und war schon in prähistorischer Zeit besiedelt.

Route: Vom Vereinshaus in Völlan (gegenüber vom Gasthaus Kirchsteiger) geht es zunächst leicht ansteigend – durch dichten Wald – zum Völlaner Badl. Der Weg führt dann vom Badl hinunter zur Hangsenke, die dem Hügel von St. Hippolyt vorgelagert ist. Der Beschilderung folgend, gelangt man zum Narauner Weiher und zum Kirchlein, von wo sich ein prächtiger Ausblick über das ganze Etschtal auftut. Der Rückweg führt durch den Wald – Beschilderung „Völlan" – zur alten Talmühle und anschließend leicht ansteigend wieder hinauf nach Völlan.

Variante: Man kann auch direkt von Völlan zur Talmühle hinabsteigen und dann weiter nach St. Hippolyt wandern. (Gehzeit: 2 Stunden) Auch eine Wanderung in umgekehrter Richtung ist machbar.

Besonderheiten: Im Dorfmuseum von Völlan werden verschiedene bäuerliche Gerätschaften gezeigt.

Die Kirche St. Hippolyt

GUTSCHEIN
im Wert von 10,00 € und von 30,00 €
auf Seite 174

Gasthof Kirchsteiger
Völlan
Tel. 0039 0473 568044
www.kirchsteiger.com
Öffnungszeiten: ganzjährig
Ruhetag: Donnerstag

TOP, WEIL ...

man diese einfache Wanderung durch die Kastanienhaine zum mystischen Hippolyt-Hügel mit einem herrlichem Gourmet-Erlebnis verbinden kann.

GASTHOF KIRCHSTEIGER

Ein Landgasthaus mit raffinierter Küche. Das Haus ist Mitglied der „Jeunes Restaurateurs d'Europe". Die Wirtsleute Lenka und Christian verwöhnen ihre Gäste schon seit Jahren mit bodenständiger und innovativer Küche. Die Liebe zum Detail wird sowohl bei den Zutaten (es werden allein sechs verschiedene Olivenöle verwendet!) als auch bei der Präsentation der Speisen deutlich. In diesem Gourmettempel werden vier- oder sechsgängige Degustationsmenüs angeboten; traditionelle Gerichte sind modern interpretiert und perfekt zubereitet.

Aus der Speisekarte: Schon das Lesen der Speisenkarte ist ein Vergnügen. Das Angebot reicht vom Cappuccino von der Kartoffel und Fichtensprossenspuma mit Frischkäsepraline bis zum Wallerfilet auf Kürbisragout und Estragon-Schupfnudeln. Alle Teigwaren sind hausgemacht. Kräuter und Waldfrüchte werden gern verwendet, z. B. Bärlauch, Pilze und Kastanien. Im Weinkeller lagern über 500 verschiedene Weine; mehrere erlesene Weine werden auch glasweise ausgeschenkt.

UNSERE RECHNUNG

Cappuccino von der Kartoffel und Fichtensprossenspuma mit Frischkäsepraline	*€ 8,50*
Offener Raviolo mit Riesengarnelen, Jakobsmuscheln und Broccoliröschen	*€ 15,90*
Kalbsrückensteak in Salbeikruste auf Shitakepilz-Zucchini-Gröstl und Kartoffel Petersilie-Püree	*€ 18,50*
1 Glas Sauvignon	*€ 3,50*
1 Glas Blauburgunder	*€ 4,50*
½ l Mineralwasser	*€ 1,80*
Gesamtsumme	***€ 52,70***

April 2008

9 RUNDWANDERUNG AM GAMPENPASS

TECHNISCHE DETAILS

Wanderung
Leichte Wanderung

Jahreszeit
Frühsommer bis Spätherbst

Gehzeit
2 ¼ Stunden

Höhenunterschied
250 m

Anfahrt
Von Lana aus über den Gampenpass zum Deutsch-Nonsberg nach Unsere Liebe Frau im Walde

Parken
Beim Gasthaus Zum Hirschen

Die gemütliche Rundwanderung durch Wald und Wiesen – mit herrlichen Ausblicken auf den Nonsberg – führt von Unsere Liebe Frau im Walde zum Gampenpass und über St. Christof zurück.

Route: Im Wallfahrtsort Unsere Liebe Frau im Walde steht neben der Kirche der Gasthof Zum Hirschen (großer Parkplatz); hier startet die Wanderung. Nach der Überquerung der Straße beim Naturteich beginnt der „Schöpfungsweg", der zum Gampenpass hinaufführt. Auf dem Pass – neben dem Informationskiosk – schlägt man den Forstweg „Siebenbrunn" ein, der gemächlich durch den Wald zum Weg 51 führt (auf dem Pass steht kein Hinweisschild). Leicht abwärts geht es dann – rechts abbiegend – zur Gampenstraße. Gleich links auf der anderen Straßenseite steigt man auf dem steilen Weg (auch er trägt keine Beschilderung, kann aber nicht verfehlt werden) nach St. Christof ab. Fast eben geht es anschließend auf der Dorfstraße, die gleichzeitig als Radweg ausgeschildert ist, zurück zur Kirche in Unsere Liebe Frau im Walde.

Variante: Man kann auch beim Forstweg Siebenbrunn den Weg 53 nehmen, der links steil hinaufführt. In einer größeren Runde geht es zur Gampenstraße und zum Weiler Malgasott, der unterhalb der Straße liegt. Anschließend wie beschrieben nach St. Christof. (Gehzeit: 3 ¼ Stunden)

Unsere Liebe Frau im Walde mit Gampenpass

GUTSCHEIN
im Wert von 8,00 €
und von 15,00 €
auf Seite 175

Gasthof Zum Hirschen
Unsere Liebe Frau im Walde
Tel. 0039 0463 886105
www.zumhirschen.com
Öffnungszeiten: ganzjährig
von 8 bis 21 Uhr
Kein Ruhetag

TOP, WEIL ...

die Rundwanderung gestresste Stadtmenschen beruhigt und man bei einem alten Dorfgasthaus gut einkehren kann.

GASTHOF ZUM HIRSCHEN

Das Dorfgasthaus neben der Kirche war früher ein Hospiz für Pilger.
Unsere Liebe Frau im Walde ist einer der ältesten Wallfahrtsorte Tirols; die Pilger aus dem Norden kamen einst über den Besinnungsweg zum Pass, um dann über die Salzstraße nach Mailand weiterzureisen. Das Gasthaus mit Stuben und Veranden bietet auch Sitzplätze im Freien.

Aus der Speisekarte: Gekocht wird eine traditionelle Tiroler Küche mit starkem italienischen Einschlag. Viele Produkte – wie Milch, Butter, Käse, Honig, Speck, Fleisch, Würste und Marmeladen – stammen vom eigenen Bauernhof. Die Speisenkarte ändert sich entsprechend der Saison, auch einige Spezialitätenwochen – wie Löwenzahn-Radicchio- und Wildwochen – werden angeboten. Alle Teigwaren sind hausgemacht. Besonders zu empfehlen sind die fünf- bis siebengängigen Gourmetmenüs, vor allem während der Spezialitätenwochen, ansonsten Räucherteller, Hirschcarpaccio, Spinatnocken, Knödel-Tris, Bauernplatte und vieles mehr. Große Weinauswahl, viele Qualitätsweine werden auch glasweise ausgeschenkt.

UNSERE RECHNUNG

Bauernbrettl vom Widumhof	*€ 8,90*
Frischkäse-Tortelloni mit Löwenzahn-Topfen-Füllung	*€ 7,80*
Gefüllte Hirschkeule mit Backpflaumen, Zwiebeln und Löwenzahn	*€ 13,50*
Buchweizen-Mohn-Roulade mit Löwenzahnblütenhonigeis	*€ 4,50*
½ l Rotwein	*€ 5,20*
Gesamtsumme	***€ 39,90***

Juni 2008

10 ZUR BERGKIRCHE ST. APOLLONIA

TECHNISCHE DETAILS

Wanderung
Leichte Wanderung

Jahreszeit
Frühling bis Spätherbst

Gehzeit
2 Stunden

Höhenunterschied
100 m

Anfahrt
Über Lana oder Nals kommt man nach Prissian, von dort führt eine schmale Straße nach Grissian.

Parken
Bei der Feuerwehrhalle in Grissian

Die Mittelgebirgswanderung ist im Frühjahr und im Herbst besonders schön, die Einkehr liegt direkt am Kirchhügel von St. Apollonia.

Route: Mit dem Auto geht es von Prissian zum Bergweiler Grissian, bei der Feuerwehrhalle kann man gebührenfrei parken. Die einstündige, leichte Wanderung nach St Apollonia führt zunächst durch Wiesen bis zum Kirchlein St. Jakob, dann geht es durch Mischwald fast eben zur Hügelkirche in Sirmian. Dieser idyllische Ort bietet einen schönen Rundblick über das Mittelgebirge und das ganze Etschtal. Außerdem sieht man die Texelgruppe, den Tschögglberg, den Rosengarten und den Gantkofel. Zurück geht es auf demselben Weg.
Variante: Man steigt auf der Straße oder über den steileren Wanderweg nach Sirmian ab, biegt dann nach links und wandert durch den Bachgraben wieder hinüber zur Grissianer Straße und hinauf zum Parkplatz. (Gehzeit: 2 ¾ Stunden)
Besonderheiten: Die romanische Kapelle St. Jakob ist mit interessanten Fresken geschmückt. Den Schlüssel für die Besichtigung holt man sich im Haus neben dem Kirchlein.

Die Bergkirche St. Apollonia

GUTSCHEIN
im Wert von 9,00 €
auf Seite 175

Restaurant Apollonia
Nals
Tel. 0039 0471 678656
www.restaurant-apollonia.it
Öffnungszeiten: Mitte März bis 22. Dezember
Ruhetag: Montag

TOP, WEIL ...

der Kirchhügel von St. Apollonia einen unvergesslichen Rundblick über Texelgruppe und Rosengarten bietet und das Restaurant mit besonderen Schmankerln wartet.

RESTAURANT APOLLONIA

Das Landgasthaus schmiegt sich an den Kirchhügel von St. Apollonia und bietet viele Sitzplätze im Freien.
Aus der Küche kommen typische Tiroler Gerichte, vieles ist hausgemacht. Die Speisen der Wochenkarte wechseln je nach Saison. Der Wirt bietet darüber hinaus eine Kräuterwanderung an (nach Voranmeldung, Mindesteilnehmerzahl 10 Personen). Die Wanderung endet mit der Degustation eines Kräutergerichts und verschiedener Kräuterteesorten.

Aus der Speisekarte: Im Frühling gibt es Spargel aus Nals, mit dem auch Teigtaschen gefüllt werden, Strudel oder Spargelmousse mit Kräuterschinken und Kresse, Pressknödel mit Bärlauch, Brennnesselroulade oder Löwenzahn-Teigtaschen. Auf Bestellung werden Schweinshaxen gebraten oder Braten vom Lamm aus eigener Zucht serviert. Hausgemachte Kuchen, Himbeerquark, Topfenknödel auf Erdbeerragout, Marillenknödel und – im Herbst – Kastanientörtchen runden das Angebot ab. Zu den Apfelwochen im September stehen auch Tagliatelle mit Apfel-Walnuss-Soße, Kalbsleber mit gebratenen Apfelscheiben, Entenbrust mit Apfelmousse-Dressing und Apfel-Halbgefrorenes auf der Karte.

UNSERE RECHNUNG

Kartoffel-Teigtaschen, gefüllt mit Brennnesseln	*€ 8,00*
Zwiebelrostbraten vom heimischen Rind mit Reis und Salat	*€ 14,30*
Topfenknödel auf Erdbeerragout	*€ 6,20*
2 Gläser St. Magdalener „Rieserhof"	*€ 4,00*
Gesamtsumme	***€ 32,50***

April 2008

Die Erdpyramiden am Ritten mit Blick auf die Dolomiten

TOP 10

RITTEN, ÜBERETSCH & UNTERLAND

1 RADWEG DURCHS ETSCHTAL

TECHNISCHE DETAILS

Radwanderung
Leichte Tour, die problemlos abgekürzt werden kann; auch mit einem normalen Citybike zu schaffen.

Jahreszeit
Ganzjährig

Zeit
Die Strecke Bozen–Meran ist ca. 30 km lang, die Fahrzeit hängt von der individuellen Geschwindigkeit ab.

Der Radweg zwischen Bozen und Meran ist fertiggestellt, jetzt kann man bequem entlang durch das Etschtal radeln.

Route: Vom Bozner Stadtzentrum fährt man auf ausgeschilderten Fahrradwegen nach Sigmundskron. Dort gelangt man auf den Radweg neben der Etsch, der bis nach Meran führt. Auf dem Rückweg fährt man von Meran zunächst nach Sinich, dann durch das Feuchtbiotop der Falschauer, durch die Wiesen von Niederlana und beim Bahnhof Burgstall auf den Etschradweg. Wer nicht die ganze Strecke mit dem Rad zurücklegen will, nimmt vom Bahnhof Vilpian – oder von jedem anderen Bahnhof auf der Strecke – den Zug. Das Rad kann in ausgewiesenen Zügen mitgenommen werden (siehe Fahrplan).

Variante: Auf dem Fahrradweg geht es von Vilpian – immer an der Etsch entlang – nach Lana. Beim Rückweg fährt man auf der alten Weinstraße, immer durch die Obstwiesen, Richtung Süden bis nach Bozen oder weiter ins Überetsch.

Besonderheiten: Die Pfarrkirche von Niederlana beherbergt einen außergewöhnlichen Schatz: einen 14 m hohen, reich ausgestatteten gotischen Flügelaltar des schwäbischen Meisters Hans Schnatterpeck.

Das Etschtal gegen Meran

GUTSCHEIN
im Wert von 7,00 €
auf Seite 176

Restaurant Zum Hirschen
Vilpian
Tel. 0039 0471 678533
www.zumhirschen.net
Öffnungszeiten: ganzjährig von 12 bis 14 Uhr und von 18 bis 1 Uhr
Ruhetag: Dienstag und Mittwoch

TOP, WEIL ...

der Fahrradweg an der Etsch zu den schönsten und vor allem zu den gemütlichsten Radwegen im Land zählt und man die Tour – je nach Kondition – vielfältig variieren kann. Außerdem wartet in Vilpian ein interessanter Gastbetrieb auf neugierige Gäste.

RESTAURANT ZUM HIRSCHEN

Das Restaurant liegt in der Nähe vom Bahnhof Vilpian und ist hell und gemütlich eingerichtet. Die Gartenterrasse, reichlich mit mediterranen Pflanzen geschmückt, bietet Schutz vor Sonne und Regen.
Das Haus hat sich der Fusionsküche verschrieben, das heißt, in einem Gericht treffen verschiedene Kochtraditionen aufeinander und verschmelzen harmonisch.

Aus der Speisekarte: Beispiele für die Fusionsküche sind das Thunfisch-Sashimi und das Bison-Steak. Aber es gibt auch hausgemachte mediterrane Teigwaren. Mittags gibt es zusätzlich eine kleine Karte mit leichten Fitness-Tellern: Rindscarpaccio, Salatteller mit Garnelen oder hausgemachte Tagliolini mit Tomaten und Büffelmozzarella. Die Karte wechselt – im Einklang mit der Jahreszeit – wöchentlich. Große Auswahl an einheimischen und italienischen Spitzenweinen, die auch glasweise ausgeschenkt werden.

UNSERE RECHNUNG

Tagliolini mit frischen Tomaten und Garnelen	*€ 12,00*
Frischkäsemousse auf mariniertem Gemüse	*€ 10,00*
Spareribs mit Folienkartoffel und Kräuterquark	*€ 15,00*
2 Gläser Verlab „Exclusiv“	*€ 5,00*
Gesamtsumme	***€ 42,00***

April 2008

2 WANDERUNG ZUR RUINE MAULTASCH

TECHNISCHE DETAILS

Wanderung
Leichte Wanderung zu Geschichte, Kunst und Wein

Jahreszeit
Ganzjährig, besonders schön im Frühling

Gehzeit
1½ Stunden

Höhenunterschied
150 m

Anfahrt
Nach Terlan kommt man mit dem Auto, der Bahn, dem Linienbus (Bozen–Meran) oder mit dem Fahrrad.

Parken
Beim Bahnhof Terlan

Ein gemütlicher Spaziergang durch das Dorf Terlan und den Waldweg hinauf zur Ruine Maultasch.

Route: Parken kann man in Terlan beim Bahnhof, dann spaziert man über den Dorfplatz, an der Kirche vorbei, durch das Weindorf. Der Weg zur Burgruine ist mit „Maultasch" ausgeschildert, er führt durch die Rebanlagen, wo der berühmte „Terlaner Weiße" gedeiht. Der Weg quert die Straße und geht rechts durch den Laubwald hinüber zur Burgruine, die eigentlich Neuhaus heißt, aber im Volksmund den Namen der unterhalb gelegenen Zollstation „mala tasca" (Mausefalle) bekommen hat. Von hier hat man einen schönen Ausblick auf das Etschtal. Auf dem Rückweg kann man bei der Kellereigenossenschaft vorbeischauen und die verschiedenen Weißweine verkosten.

Variante: Terlan erreicht man auch vorzüglich über den Radweg entlang der Etsch, der – sowohl von Bozen als auch von Meran aus – sehr gut ausgeschildert ist.

Besonderheiten der Gegend: Einen Besuch wert ist die Terlaner Pfarrkirche Maria Himmelfahrt mit dem herrlichen Freskenschmuck aus dem späten 14. Jahrhundert.

Die Ruine Maultasch

GUTSCHEIN
im Wert von 13,00 €
auf Seite 176

Restaurant-Pizzeria Oberhauser
Terlan
Tel. 0039 0471 258224
Öffnungszeiten: ganzjährig
Ruhetag: Montag

TOP, WEIL ...

die Wanderung durch das Dorf und zur Ruine ein Genuss für Leib (Kellereibesuch) und Seele (Besichtigung der Pfarrkirche) ist.

RESTAURANT-PIZZERIA OBERHAUSER

Der Gasthof Oberhauser steht auf dem Dorfplatz von Terlan und ist für seine Fischspezialitäten bekannt. Es bietet schöne Sitzmöglichkeiten auch im Freien unter schattigen großen Bäumen.
Im Angebot sind mehrere kalte und warme Fischvorspeisen, die Hauptgerichte auf der Fischkarte wechseln häufig. Im Frühjahr – von April bis Juni – dreht sich alles um den Terlaner Spargel, der unter dem Namen „Margarethe" auf den Märkten zu finden ist.

Aus der Speisekarte: gemischte Fischvorspeise, Thunfischtartar, warmer Oktopus mit Olivenöl, Jakobsmuscheln, Garnelencocktail, Bandnudeln in Lachsrahmsoße, gemischter Grillteller mit Meeresfischen, Wolfsbarsch in der Salzkruste und Scampi. In der Spargelzeit werden z. B. Tortelloni mit Spargelfüllung und Spargel mit Bozner Soße serviert. Große Auswahl an Südtiroler und italienischen Weinen, zehn Weißweine und sechs Rotweine gibt es auch glasweise.

UNSERE RECHNUNG

Gemischte Fischvorspeise	*€ 10,00*
Oktopus mit Zitrone und Olivenöl, warm serviert	*€ 8,00*
Wolfsbarsch in der Salzkruste für zwei Personen	*€ 27,00*
1 Flasche Terlaner Weiß, klassisch	*€ 13,00*
Gesamtsumme	***€ 58,00***

Juni 2008

3 GENUSSTOUR ZUR HÖFEGRUPPE KAMPIDELL

TECHNISCHE DETAILS

Wanderung
Leichte Rundtour

Jahreszeit
Ganzjährig

Gehzeit
2–2 ½ Stunden

Höhenunterschied
280 m

Anfahrt
Mit dem Auto kommt man von Bozen – oder von Meran aus über den Salten – nach Flaas (Gemeinde Mölten). Die Höfestraße führt nach Kampidell.

Parken
Beim Stegerhof in Kampidell

Die Genusstour nach Flaas kann man gut mit einer Wanderung zum Möltner Kaser verbinden. Die Höfegruppe Kampidell am Salten liegt einmalig ruhig und lädt zum Verweilen ein.

Route: Mit dem Auto kommt man von Flaas nach Kampidell (Parken beim Stegerhof). Zu Fuß geht es weiter zur Jenesiener Jöchl-Alm und hinauf zur Möltner Kaser. Beim Rückweg steigt man über den Europaweg E 5 ab, bis zur Weggabelung mit dem Weg 5. Hier biegt man nach links zum Lanzenschusterhof ab und wandert schließlich auf Weg 8 zurück zum Stegerhof in Kampidell.
Besonderheiten in der Umgebung: Das Prälatenhaus, das Herrenhaus, die Kapelle, und das Bauernhaus samt Scheune gehören zum Kloster Muri Gries. Sie sind in ihrer ursprünglichen Form erhalten geblieben. Hier kann man verweilen, die Ruhe genießen, den Abend verbringen und die Sterne beobachten; ein besonderer Genuss ist es, wenn man dabei die Köstlichkeiten aus dem Hofschank genießt.

Die Höfegruppe Kampidell

GUTSCHEIN
im Wert von 8,00 €
auf Seite 177

auf Seite 177

Hofschank Stegerhof –
Urlaub a. d. Bauernhof
Flaas/Jenesien
Tel. 0039 0471 340051
Öffnungszeiten: ganzjährig von 11 bis 19 Uhr, abends auf Vorbestellung
Ruhetag: Montag und Dienstag

TOP, WEIL ...

Kampidell wegen seiner Ruhe und Abgeschiedenheit eine einmalige Erholung bietet und der Stegerhof eine lohnenswerte Einkehr ist.

HOFSCHANK STEGERHOF – URLAUB A. D. BAUERNHOF

„Hier ist alles hausgemacht oder selbst gezüchtet." Das ist das Motto des Stegerhofes.
Das Bauernhaus bietet in der großen, original getäfelten Stube viel Platz. Man kann hier jedoch nicht nur essen, sondern auch seine Ferien verbringen: Der Bauernhof verfügt über eine Ferienwohnung.

Aus der Speisekarte: Aufgetischt werden Speck und Kaminwurzen, Gerichte vom Lamm und Schaf (das schwarzbraune Bergschaf wird auf dem Hof gezüchtet) – z. B. als „Bauernbratl" mit Kartoffeln vom eigenen Acker oder Bauernknödeln. Auf Vorbestellung gibt es geschmorte Lammstelze. Außerdem stehen noch Löwenzahnsalat, Knoblauchsuppe, Kartoffelstrudel mit Lauch und Zwiebeln, Sauerkrautsuppe mit Speckstreifen, hausgemachte Teigtaschen mit verschiedenen Kräutern (je nach Saison) auf der Karte.

UNSERE RECHNUNG

Speck am Brettl	*€ 8,00*
Sauerkrautsuppe mit Speckstreifen	*€ 4,00*
Bauernbratl mit Knödel	*€ 9,00*
Erdbeer-Joghurt-Torte	*€ 2,00*
½ l Rotwein (Vernatsch)	*€ 4,00*
Gesamtsumme	***€ 27,00***

August 2008

4 SEENWANDERUNG AUF DEM RITTEN

Der Waldspaziergang führt von Wolfsgruben zum Mitterstieler See und um den Wolfsgrubner See herum bis zum Plattnerhof.

Route: Am Wolfsgrubner See (Parkplatz) geht man zunächst kurz auf der Straße bis zum Weg mit der Markierung 12, dem man am See entlang folgt. Der Steig biegt wenig später links in den Wald hinein und schlängelt sich im leichten Auf und Ab bis zum Biotop des Mitterstieler Sees, den man auch umrunden kann, um dann wieder auf demselben Weg zurück zum Wolfsgrubner See zu gelangen. Diesen See kann man ebenfalls auf einem Waldsteig umrunden, der den Wanderer zurück zum Parkplatz bringt. Vom Parkplatz geht ein ausgeschilderter Weg zum Bienenmuseum Plattner Hof und auf der anderen Seite hinunter zur Straße (Gasthof Drei Birken). Ein breiter Gehweg führt neben der Straße zurück zum Parkplatz
Besonderheiten: In dem schön gelegenen „Plattner Hof", einem typischen Rittner Bauernhaus, ist ein Bienenmuseum untergebracht, in dem man allerlei Wissenswertes erfährt. Außerdem kann man auch viele Bienenprodukte – Honig, Bienenwachskerzen usw. – kaufen.

TECHNISCHE DETAILS

Wanderung
Angenehmer Waldspaziergang von See zu See

Jahreszeit
Ganzjährig

Gehzeit
Ca. 2 Stunden

Höhenunterschied
Gering

Anfahrt
Von Bozen auf den Ritten, an der Abzweigung nach Oberbozen abbiegen und weiter bis Wolfsgruben

Parken
Parkplatz am Wolfsgrubner See

TIPP

Schmackhaftes aus Südtirol
Gustosità dall'Alto Adige

Kohl
Obsthof Troidner

Kohl – Obsthof Troidner

An den sonnigen Südhängen reifen hervorragende Kern-, Stein- und Beerenobstarten, aus denen Fruchtsäfte, Fruchtaufstriche, Apfel-, Weiß- und Rotwein, sowie Trockenobst schonend hergestellt werden.

Hauptstraße 35
I-39054 Unterinn am Ritten
Tel. 0039 0471 359442
www.kohl.bz.it
Öffnungszeiten: ganzjährig, durchgehend geöffnet

Wolfsgrubner See und Schlern im Hintergrund

GUTSCHEIN
im Wert von 30,00 €
auf Seite 177

auf Seite 177

Hotel-Restaurant
Drei Birken
Wolfsgruben/Oberbozen
Tel. 0039 0471 345175
www.dreibirken.it
Öffnungszeiten:
Ostern bis Mitte November
Ruhetag: Mittwoch, außer
Juli/August

TOP, WEIL ...

die Kurzwanderung um die Seen in Wolfsgruben und der Abstecher ins Bienenmuseum einen Hauch von der „Rittner Sommerfrische" vermitteln und das Gasthaus eine bodenständige Küche bietet.

HOTEL-RESTAURANT DREI BIRKEN

Der freundliche Familienbetrieb, in dem der Wirt selber kocht, gehört zu den „Wanderwirten Ritten". Fast alles wird selbst gemacht oder stammt aus dem eigenen Garten.
Die Spezialität des Hauses sind die Knödel, sowohl als Haupt- als auch als Nachspeise. Der hausgeselchte und gereifte Speck wird mit verschiedenen selbst gebackenen Brotsorten, z. B. Vollkorn-, Schwarz- und Kräuterbrot, serviert. Kräuter und Gemüse stammen aus dem eigenen Garten; sie gedeihen auf dieser Höhe besonders gut. Für Wanderer gibt es einen besonderen Service: Lunchpakete für unterwegs.

Aus der Speisekarte: Aus der Küche kommen Spinat-, Käse- oder Pilzknödel, zum Dessert gibt es – je nach Saison – Erdbeer-, Marillen- oder Zwetschgenknödel. Hausgemachte Schlutzkrapfen, Gulasch, Herren- und Bauerngröstl, aber auch Apfelstrudel, Sachertorte und Obstkuchen – im Sommer mit Himbeeren und Johannisbeeren aus dem eigenen Garten – runden die Speisenkarte ab.

UNSERE RECHNUNG

Knödel-Tris (Spinat-, Käse- und Pilzknödel)	*€ 9,00*
Bauerngröstl mit Krautsalat	*€ 10,00*
Erdbeerknödel	*€ 5,00*
Apfelstrudel	*€ 2,30*
½ l Rotwein „St. Magdalener"	*€ 5,20*
½ l Mineralwasser	*€ 1,70*
Gesamtsumme	***€ 33,20***

April 2008

5 FENNPROMENADE UND ERDPYRAMIDEN

TECHNISCHE DETAILS

Wanderung
Leichter Spaziergang

Jahreszeit
Ganzjährig

Gehzeit
¾ Stunde

Höhenunterschied
50 m

Anfahrt
Von Bozen auf den Ritten bis nach Lengmoos

Parken
Beim Gasthaus Amtmann

Die Fennpromenade und das Dorfgasthaus Amtmann gehören untrennbar zur „Rittner Sommerfrische".

Route: Die Wanderung startet in Lengmoos beim Gasthaus Amtmann (Parkmöglichkeiten); hier beginnt und endet die Fennpromenade, mit der Nr. 20 markiert. Der breit angelegte Steig führt kurz durch die Wiese hinauf und dann fast eben durch den Mischwald rund um den vorgelagerten Waldhügel. Entlang des Weges laden immer wieder Bänke zur Rast ein. Das Panorama auf das gegenüberliegende Schlernmassiv ist überwältigend. Eine Marmortafel erinnert an k. u. k. Zeiten und daran, dass die Promenade schon 100 Jahre alt ist.

Variante: Wer nach dem Spaziergang auf der Fennpromenade noch Lust hat, sollte unbedingt noch zu den Erdpyramiden gehen. Vom „Amtmann" folgt man dem breiten Gehweg neben der Straße und dem ausgeschilderten Weg zu den Erdpyramiden. Auf demselben Weg geht es wieder zurück. (Gehzeit: 1 ¾ Stunden) Die Erdpyramiden sind ein Relikt aus der Eiszeit und haben den Ritten bis weit über die Grenzen hinaus bekannt gemacht.

Erdpyramiden

GUTSCHEIN
im Wert von 6,00 €
auf Seite 178

Gasthof Amtmann
Lengmoos/Ritten
Tel. 0039 0471 356124
www.amtmann.it
Öffnungszeiten: ganzjährig
Ruhetag: Samstag

TOP, WEIL ...

man sich nach dem kurzen Spaziergang in Lengmoos und der Einkehr beim „Amtmann" wie ein Städter auf Sommerfrische fühlt.

GASTHOF AMTMANN

Der Familienbetrieb am Lengmooser Weiher war einst Hospiz, strategisch gut an der alten Römerstraße gelegen. Einheimische wie Touristen treffen sich in der historischen Bauernstube oder im Kaminzimmer. Besonders schön sitzt es sich im Freien unter den Kastanien.
Salat und Gemüse – biologisch angebaut – stammen aus dem eigenen Garten, das Brot wird selbst gebacken.

Aus der Speisekarte: Es gibt zwei Speisenkarten, die saisonal wechseln: eine mit Tiroler Gerichte und eine mit Vollwertkost. Sehr gut sind: Vollkorn-Apfelschmarrn, Buchweizen-Omeletten, Tiroler Saftgulasch mit Speckknödeln, Risotto mit Kräutern, Bauernbrettl mit Speck, Käse und Kaminwurzen, Apfelmus mit Eis und Strudel. Einige erlesene Weine werden auch glasweise angeboten.

UNSERE RECHNUNG

Risotto mit Kräutern	*€ 6,20*
Tiroler Saftgulasch mit Knödeln	*€ 9,30*
Vollkorn Apfelschmarrn	*€ 6,20*
½ l Rotwein	*€ 4,20*
½ l Mineralwasser	*€ 1,50*
Gesamtsumme	***€ 27,40***

Mai 2008

6 SPAZIERGANG ZU DEN EISLÖCHERN IN EPPAN

TECHNISCHE DETAILS

Wanderung
Ausgedehnter Spaziergang im Weingebiet

Jahreszeit
Ganzjährig

Zeit
1 ½ Stunden

Höhenunterschied
50 m

Anfahrt
Von St. Michael/Eppan gelangt man zur Fraktion Pigeno; der Stroblhof liegt oberhalb von Schloss Gandegg

Parken
Beim Stroblhof

Der Natur- und Kulturspaziergang führt zu den berühmten Eislöchern und zum Schloss Moos-Schulthaus.

Route: Am besten parkt man das Auto gleich beim Stroblhof in Pigeno und steigt hinauf zum Weg 15, der in den Wald und zu den Eislöchern führt. Die Eislöcher sind ein besonderes Naturerlebnis: Es handelt sich hierbei um lokale Kaltluftgebiete, die mit dem physikalischen Prinzip der Windröhre erklärt werden. Auf dem Gebiet rund um die Eislöcher finden Pflanzen ihren Lebensraum, die sonst nur im Hochgebirge anzutreffen sind. Zurück geht es auf demselben Weg und auf Weg 7 A links hinauf zum Steinegger und weiter durch die Weingärten zum Schloss Moos-Schulthaus. Lohnend ist auch ein kleiner Abstecher zum Kalvarienberg. Auf der Straße wandert man anschließend zurück zum Stroblhof.

Besonderheiten in der Umgebung: Zu empfehlen ist eine Besichtigung des Schlosses Schulthaus. Zu sehen sind eine gotische Balkenstube, eine alte Rauchküche mit allerlei Utensilien und interessante Fresken im Entree.

Phänomen Eislöcher

GUTSCHEIN
im Wert von 16,50 €
auf Seite 178

Hotel-Weingut Stroblhof
St. Michael/Eppan
Tel. 0039 0471 662250
www.stroblhof.it
Öffnungszeiten:
April bis November
Kein Ruhetag

TOP, WEIL ...

man im Überetsch Natur und Kultur nebeneinander erleben kann und der Wein und das Essen im Stroblhof das Feinschmeckerherz höher schlagen lassen.

HOTEL-WEINGUT STROBLHOF

Das historische Weingut produziert bereits seit dem 16. Jahrhundert sehr erfolgreich Wein.
Der Stroblhof ist nicht nur Gasthaus, sondern auch ein Hotel mit gediegenem Ambiente. Besonders schön sitzt man im Freien unter einer herrlichen Laube, mit Blick auf die Weingüter. Sehenswert ist auch der Naturbadeteich.
Die einheimische Küche ist leicht und mediterran beeinflusst. Gemüse und Kräuter aus dem eigenen Garten kommen liebevoll zubereitet auf den Tisch. Die kleine Karte wechselt alle zwei Wochen. Jede Woche (montags) wird eine Weinverkostung angeboten (für Hotelgäste gratis).

Aus der Speisekarte: Angeräucherte Entenbrust mit Selleriecreme und Blauburgundersenf, Bärlauchrisotto mit gebratener Wachtelbrust, hausgemachte Gnocchi sardi mit Venusmuscheln, gedämpftes Filet vom Seesaibling auf Löwenzahnsalat mit Radieschen-Nuss-Dressing, Zitronenthymianrisotto mit Saltimbocca vom Seeteufel, Rhabarber-Schokoladen-Millefoglie, Kartoffelravioli mit Nougat gefüllt und Rhabarber-Eis. Ausgeschenkt werden die Eigenbauweine Weißburgunder „Strahler", Chardonnay „Schwarzhaus", Sauvignon „Nico", Gewürztraminer „Pigeno"; Kalterer See Auslese „Burgleiten", Blauburgunder „Pigeno", Blauburgunder Riserva.

UNSERE RECHNUNG

Spaghetti alla Chitarra mit Gartenkräutern und geschmortem Ochsenschwanz	*€ 11,00*
Perlhuhnbrust im Lardomantel auf Kaiserschoten und Kartoffelgratin	*€ 17,00*
Delikate Käseauswahl mit Feigensenf	*€ 12,00*
Spargeleis mit sautierten Erdbeeren und Balsamico-Reduktion	*€ 7,00*
2 Gläser Blauburgunder „Pigeno" (2005)	*€ 7,40*
Gesamtsumme	***€ 54,40***

April 2008

7 WANDERUNG AUF DEM KALTERER HÖHENWEG

TECHNISCHE DETAILS

Wanderung
Leichte Wanderung, aber etwas steiler Abstieg über den Ziegensteig

Jahreszeit
Ganzjährig

Gehzeit
Ca. 2 Stunden

Höhenunterschied
Ca. 300 m

Anfahrt
Von der Mendelstraße oder von der Weinstraße aus biegt man nach Oberplanitzing ab und fährt durchs Dorf rechts hinauf zum Tannhof.

Parken
Beim Tannhof

Die Tour auf dem Kalterer Höhenweg führt durch eine einmalige Kulturlandschaft und lässt sich gut mit einer Weinwanderung verbinden.

Route: Beim Hotel Tannhof, gleich rechts beim Parkplatz, geht der Weg hinauf zum Steig 15 A, auf dem man leicht absteigend zu den Weingärten von Kaltern wandert. Oberhalb des Dorfes führt der Weg an Gutshöfen vorbei zum Ansitz Enzenberg. Beim großen Dorfbrunnen läuft man rechts hinauf nach St. Nikolaus und weiter – der Markierung 521 „Mendelpass" folgend – etwas steiler durch den Laubwald zum Höhenweg (Nr. 9). Nun geht es rechts auf dem breiten Höhenweg, die Mendelstraße querend, und über den „Ziegensteig" mit der Markierung 16 mäßig steil bergab. Nach der nächsten Straßenquerung folgt man dem Weg 16 Richtung „Oberplanitzing". Von dort geht es zum Tannhof zurück.
Variante: Man kann den Weg durch Kaltern (über St. Anton und die Sportanlagen) fortsetzen und weiter bis Altenburg wandern. Dort steigt man zum Höhenweg auf. Rückweg wie oben beschrieben. (Gehzeit: 4 Stunden)
Besonderheiten: Die gotische Kirche St. Nikolaus in Kaltern ist mit Fresken von Riemenschneider ausgeschmückt. Sie liegt direkt am Wanderweg und lohnt die Besichtigung.

Der Kalterer See und seine Hügellandschaft

GUTSCHEIN
im Wert von 10,00 €
auf Seite 179

Hotel-Restaurant Tannhof
Oberplanitzing/Kaltern
Tel. 0039 0471 669077
www.tannhof.it
Öffnungszeiten:
Ostern bis Allerheiligen
Kein Ruhetag

TOP, WEIL ...

die Wanderung durch Weingüter und an typischen Gutshöfen und Ansitzen vorbeiführt und bei einer sehr ruhigen und gediegenen Einkehr endet.

HOTEL-RESTAURANT TANNHOF

Das Haus liegt mitten im Wald und hat eine herrlich große und teilweise überdachte Terrasse, von der aus man über den ganzen Kalterer See blicken kann.
Auch die Sitzplätze im Speisesaal sind gemütlich und bieten einen entspannten Weitblick auf die Hügel und Dörfer rund um den See. Auf der Karte stehen saisonale Gerichte und Grillspezialitäten.

Aus der Speisekarte: Im Frühjahr werden vor allem Spargelgerichte serviert: Risotto mit grünen und weißen Spargelspitzen, gebratener Hausschinken mit Spargel und Bozner Soße. Im Sommer gibt es frische Salatvariationen mit gegrilltem Truthahn oder verschiedenen anderen Zutaten, vom Grill kommen Grillteller, „Rippelen" (Spareribs) und die seltenen „Fiorentine" mit verschiedenen Grillgemüsen und Beilagen. Im Herbst – zur Törggele-Zeit – werden Schlachtplatten oder hausgeselchter Speck mit Kastanien serviert. Der Hauswein ist ein Eigenbauwein, im Herbst ist auch frischer „Suser" im Angebot. Natürlich stehen auf der Weinkarte aber auch die Gewächse der Kalterer Kellereien und andere Südtiroler Weine.

UNSERE RECHNUNG

Spargelrisotto	*€ 7,00*
Entrecote vom Grill mit frischem Spargel	*€ 13,50*
Frischer Spargel mit Bozner Soße und Osterschinken	*€ 14,00*
½ l Hauswein	*€ 4,00*
Gesamtsumme	***€ 38,50***

April 2008

8 RUNDWANDERUNG UM DEN KALTERER SEE

TECHNISCHE DETAILS

Wanderung
Leichte Rundwanderung oder Fahrradtour

Jahreszeit
Ganzjährig

Gehzeit
1 ½ Stunden

Anfahrt
Über die Weinstraße zum Kalterer See

Parken
Beim Restaurant Gretl am See

Eine Tour – zu Fuß oder mit dem Fahrrad – um den größten See Südtirols, die zu allen Jahreszeiten ihren Reiz hat.

Route: Die Rundwanderung oder Rundfahrt um den See erfolgt großteils auf derselben Strecke und ist gut ausgeschildert. Beim Restaurant Gretl am See (großer Parkplatz) beginnt die Seeumrundung, die am Schwimmbad – dem Lido – vorbeiführt. Der Weg um den wärmsten Badesee der Alpen ist mit „Seerunde" ausgeschildert und passiert zuerst den Bootshafen, ehe er am nördlichen Schilfgürtel entlang zum Ostufer führt. Ein Waldsteig umgeht die Straße und mündet in den südlichen großen Schilfgürtel mit dem ausgewiesenen Biotop. Wenn man auf dem kurzen Steg ins Schilf vordringt, kann man an eigens eingerichteten Beobachtungsstellen die Vogelwelt beobachten. Über St. Josef am See mit dem hübschen Kirchlein geht es auf dem Spiegelweg zurück zum Restaurant Gretl am See. Diese Wanderung zwischen Schilf und Reben eignet sich besonders für Familien.

Besonderheiten der Gegend: In Kaltern kann man im Weinmuseum allerlei Wissenswertes rund um den Weinbau erfahren. Sehenswert ist auch die Kirche von St. Nikolaus.

Blick über den Kalterer See

GUTSCHEIN
im Wert von 10,00 €
auf Seite 179

Restaurant Gretl am See
Kaltern
Tel. 0039 0471 960273
www.gretlamsee.com
Öffnungszeiten:
Ostern bis Mitte Oktober
von 8 bis 24 Uhr
Ruhetag: Montag

TOP, WEIL ...

der Kalterer See zu jeder Jahreszeit schön ist und sich bei einer Fuß- oder Radtour von allen Seiten präsentiert. Außerdem ist die Einkehr im Restaurant Gretl am See – vor allem am Abend – ein Erlebnis.

RESTAURANT GRETL AM SEE

Das Haus liegt direkt am See und verfügt über Seeterrasse, Steg und eigenes Schwimmbad (Lido).
Das Ambiente ist modern bis elegant; die von Küchen aus aller Welt beeinflusste Speisenkarte wechselt ständig. Ein kleines Lexikon hilft dem Gast, die exotischen Gerichte – wie „Acquarello- Reis", „Espuma" oder „Panko" – zu verstehen. Eine perfekt eingerichtete Sumo-Küche im Freien dient am Abend als Bühne für verschiedene Kochevents. Vom Dinner auf dem Steg über frisch hergestellten Nudeln, die je nach Wunsch zubereitet werden, bis zu Sushi und anderen japanischen Gerichten (hier arbeitet eine echte japanische Küchenbrigade) reicht das Angebot.

Aus der Speisekarte: Serviert werden japanische Gerichte, Surf'n Turf Rinderfilet, Jakobsmuscheln und Garnelen. Selbstverständlich ist die Weinauswahl ebenfalls international; viele Weine, darunter auch Dessertweine, werden im offenen Ausschank glasweise angeboten.

UNSERE RECHNUNG

Gebratenes Hähnchensaté in leicht pikanter Marinade auf Blattsalaten	*€ 9,50*
Hausgemachte Ravioli mit Fonduta-Füllung	*€ 8,90*
Topfen-Mohn-Knödel auf Zitrusfrüchtesalat	*€ 7,00*
1 Glas Gravés Superieurs Haut Bergeron (Chateau Farluret)	*€ 3,00*
Gesamtsumme	***€ 28,40***

April 2008

9 ZUR KANZEL UND NACH GSCHNON

TECHNISCHE DETAILS

Wanderung
Rundwanderung durch die typischen Mischwälder des Südtiroler Unterlandes

Jahreszeit
Ganzjährig

Gehzeit
4 ½ Stunden

Höhenunterschied
Ca. 500 m

Anfahrt
Von Neumarkt gelangt man nach Mazzon und fährt Richtung Süden bis zum Forstweg Kanzel.

Parken
Am Ende der befahrbaren Straße befindet sich ein Parkplatz.

TIPP

Weingut – Maso Thaler

In optimaler Höhe auf 600–650 m gedeihen auf Guyot angebaute Rebsorten, aus denen unsere fruchtigen und für die lange Lagerung geeigneten Rot- und Weißweine gekeltert werden: Blauburgunder, Sauvignon und luturna (Südtiroler Weiß).

Glenstraße 59
I-39040 Montan
Tel. 0039 0471 819928
www.masothaler.it
Öffnungszeiten: ganzjährig Di–So von 10 bis 13 Uhr und von 15 bis19 Uhr

Die Tour führt von Mazzon über die Kanzel zum versteckten Bergweiler Gschnon. Über den Wasserfall geht es zurück zum Ausgangspunkt.

Route: Beim Parkplatz am „Waldweg Kanzel" in Mazzon kann man das Auto stehen lassen. Der Wanderweg geht zunächst fast eben. Erst nach einer Kehre – der Weg ist immer mit „Kanzel" ausgeschildert – führt er leicht steil durch den Wald zur Kanzel, einem herrlichen Aussichtspunkt über das ganze Unterland. Weiter geht es bis zur Höfestraße nach Gschnon und zum ausgeschilderten Dorfnerhof. Leicht abwärts läuft man an der alten Sommerfrische der Kapuzinermönche vorbei. Hier wird der Weg etwas steiler und führt in die Schlucht des Trudner Baches und weiter nach Glen. Man folgt der Fahrstraße abwärts, dann links dem Schild „Wasserfall" und überquert wieder den Bach. Dann geht es etwas ansteigend hinauf zu den herrlichen Weingärten mit Blauburgunder Reben der Villa Barthenau und zurück zum Parkplatz.

Besonderheiten: Sehenswert sind die alten Laubengänge in Neumarkt, aber auch Schloss Enn hoch über Montan. Einen Abstecher lohnen auch der Naturpark Trudner Horn sowie das Ruinenfeld von Castelfeder (zwischen Auer und Montan), eine der ältesten und geheimnisvollsten Siedlungs- und Befestigungsanlagen aus vorgeschichtlicher Zeit.

Schloss Enn oberhalb von Montan

GUTSCHEIN
im Wert von 8,00 €
und von 20,00 €
auf Seite 180

Gasthof Dorfnerhof
Gschnon/Montan
Tel. 0039 0471 819798
www.dorfnerhof.it
Öffnungszeiten: ganzjährig von 8 bis 23 Uhr
Ruhetag: Montag

TOP, WEIL ...

die Wanderung durch herrliche Mischwälder zum schönsten Aussichtspunkt des Unterlandes führt und man im Dorfnerhof mit feiner Landküche verwöhnt wird.

GASTHOF DORFNERHOF

Im Dorfnerhof verwandelt ein junger, engagierter Koch die regionalen und oft hofeigenen Produkte in herrliche Köstlichkeiten. Die Sauerkirschen der eigenen Plantage werden zu Speiseeis, Marmeladen, Säfte und Likör verarbeitet. Aber auch zur Verfeinerung von Soßen, speziell zu Wildgerichten, eingesetzt. Kartoffeln, Kohl und Äpfel werden auf dem Bauernhof produziert, die eigene Tierhaltung liefert Ochsen-, Schweine- und Schaffleisch. Der Speck wird selbst geräuchert und mindestens 12 Monate gelagert.

Aus der Speisekarte: Die Küche richtet sich nach der Jahreszeit. Alle zwei Monate wechselt die Karte, auf der z. B. Ochsenschmorbraten mit Selleriepüree und Gemüse, gegrillte Ochsenlende mit Rohrkartoffeln auf Rosmarin und Carpaccio vom Ochsenfilet mit Parmesan und Olivenöl stehen. In der Osterzeit gibt es vor allem Lamm. Die Teigwaren – aus verschiedenen Mehlsorten – und die Knödel sind hausgemacht. So gibt es beispielsweise Vollkornschlutzer, Bärlauchnocken oder Basilikumbandnudeln. Zum Dessert sollte man unbedingt das Eis aus Holunderblüten, Himmelschlüsseln und Löwenzahn probieren, aber auch die Quitten-Scheiterhaufen, viele verschiedene Kuchen und das Halbgefrorene sind eine Sünde wert. Die Weinkarte enthält vor allem Südtiroler Gewächse und legt ihren Schwerpunkt auf den Blauburgunder aus Mazzon; viele Weine werden auch glasweise ausgeschenkt.

UNSERE RECHNUNG

Gemischter Aufschnittteller	*€ 6,50*
Risotto mit Bärlauch und Ziegenfrischkäse	*€ 9,00*
Ochsenschmorbraten mit glasierten Karotten und Beilage	*€ 15,00*
Hausgemachtes Vanilleeis mit Sauerkirschen	*€ 4,50*
1 Glas Blauburgunder „Maso Thaler"	*€ 3,80*
Gesamtsumme	***€ 38,80***

Mai 2008

10 RADWEG INS EISACKTAL

TECHNISCHE DETAILS

Radtour
Einfache Tour mit geringer Steigung

Jahreszeit
Ganzjährig

Fahrzeit
Ca. 2 Stunden (je nach Kondition)

Höhenunterschied
130 m

Strecke
15 km pro Strecke

Anfahrt
Die Tour beginnt in Bozen, der Bahnhof befindet sich im Stadtzentrum.

Die einfache Radtour führt auf dem neuen Radweg – auf der ehemaligen Bahntrasse – mit geringer Steigung von Bozen nach Atzwang im Eisacktal.

Route: Vom Bahnhof in Bozen führt der ausgeschilderte Radweg über den Verdiplatz und unter der Bahnunterführung durch ins Eisacktal. Im Wesentlichen radelt man am Eisack entlang, vorbei an Weingärten, aus Bozen hinaus nach Nordost in das schluchtartige Tal. Der Radweg ist gut ausgebaut und asphaltiert. Er ist auf der aufgelassenen Bahntrasse angelegt und so kommt man durch ehemalige Eisenbahntunnels über Blumau nach Atzwang. Der ehemalige Bahnhof von Atzwang wurde zu einem Radlertreff umgestaltet, das alte Bahnwärterhäuschen ist jetzt ein kleines Bistro. Auf demselben Weg fährt man in die Stadt zurück.
Variante: Man kann die Tour natürlich weiter ins Eisacktal fortsetzen und bis nach Klausen radeln (ca. 18 km). Allerdings muss man dabei rund zwei Kilometer auf der Staatsstraße zurücklegen.

Die Bozner Altstadt

GUTSCHEIN
im Wert von 5,00 €
auf Seite 180

Bios Radstation Hofschank
Atzwang
Mobil 0039 331 5306050
Öffnungszeiten: ganzjährig
von 9 bis 21 Uhr
(außer Januar/Februar)
Ruhetag: Montag

TOP, WEIL ...

die Radtour durch die Schlucht des Eisacks leicht, aber beeindruckend und der Radlertreff ein echter Geheimtipp ist.

BIOS RADSTATION HOFSCHANK

Vom alten Bahngelände ist nicht mehr viel zu sehen, das Bistro im ehemaligen Bahnwärterhäuschen ist – weithin sichtbar – hellgelb gestrichen.
Die Einrichtung ist schlicht und einfach in Holz gehalten, am besten sitzt man aber im Freien. Die Küche und der Laden – beide biologisch ausgerichtet – sind in der alten Zugwerkstatt untergebracht. Die Produkte stammen von zwei Biohöfen, und zwar vom Partschiller- und vom Wagglerhof.

Aus der Speisekarte: Eine Speisenkarte gibt es nicht, über das Angebot informiert der Service. Gut sind die Bauernsuppe mit Croûtons, Suppe mit Zwiebeln und Speck, Brennnesselspatzln mit Tomaten und Rohschinken, Vollkorn-Schlutzkrapfen, Ravioli mit Sauerkraut, Rindsragout auf Kartoffelnocken oder Gulasch mit Polenta. Für den kleinen Hunger gibt es einfache Jausenangebote wie Brot mit Bergkäse und Butter.
Das Brot ist hausgemacht und der Apfelstrudel ist eine Sünde wert. Die Weine und auch das Bier sind biologisch angebaut bzw. hergestellt.

UNSERE RECHNUNG

Gemischter Salat mit Ziegenfrischkäse	*€ 6,00*
Spatzln mit Bergkäse und Butter	*€ 6,50*
Gulasch vom Angusrind mit Speckknödel	*€ 12,50*
Apfelstrudel	*€ 2,50*
½ l Wein	*€ 4,00*
½ l Mineralwasser	*€ 1,50*
Gesamtsumme	***€ 33,00***

Mai 2008

TOP 10 EISACKTAL, WIPPTAL, LÜSEN & VILLNÖSS

St. Magdalena in Villnöß mit den Geislerspitzen

1 WANDERUNG ZUM FISCHWEIHER VON TSCHÖFAS

TECHNISCHE DETAILS

Wanderung
Leichte Wanderung

Jahreszeit
Ganzjährig

Gehzeit
2 Stunden

Höhenunterschied
150 m

Anfahrt
Von Klausen fährt man Richtung Gröden und links hinauf nach Lajen, Tschöfas liegt etwas oberhalb.

Parken
Beim Gasthaus Hatzis

Ideale Frühling- und Herbstwanderung in der Umgebung von Lajen, einer ruhigen Ecke des Eisacktales.

Route: Beim Gasthof Hatzis in Tschöfas (Parkplatz) geht man durch das kleine Dorf, links an der Kirche vorbei, dem Schild „Unterpulghütte" folgend, zum Weg 35 – konditionsstarke Wanderer könnten auf diesem Weg bis auf die Raschötz wandern. Im Wald nimmt man dann den Weg 11 B, der links in einem Bogen durch den Wald zum Fischweiher (Schwarze Lacke) führt und sich dort wieder mit dem Weg 35 vereint. Nun folgt man diesem Weg bis zum Weg 6 A – Ausschilderung „Tschöfas" –, der den Wanderer zurück ins Dorf und zum Gasthaus Hatzis bringt.

Variante: Wem die Tour zu kurz ist, der kann auf Weg 35 weiter bis zur Unterpulghütte gehen und dann auf Weg 34 absteigen – er ist mit „Lajen" ausgeschildert und führt wieder nach Tschöfas. Dieser Weg bietet schöne Ausblicke auf die Grödner Dolomiten.

Blick über Lajen auf den Schlern und Richtung Süden

GUTSCHEIN
im Wert von 8,00 €
und von 15,00 €
auf Seite 181

Gasthaus Hatzis
Tschöfas/Lajen
Tel. 0039 0471 655622
www.pensionhatzis.com
Öffnungszeiten: ganzjährig
Ruhetag: Montag

TOP, WEIL ...

die Gegend zum Wandern sehr schön und ruhig und das Licht – besonders im Herbst – einmalig ist.

GASTHAUS HATZIS

Ruhig gelegenes Landgasthaus zwischen Lajen und Tschöfas. Von der großen Terrasse hat man einen herrlichen Blick ins Eisacktal, zum Ritten und zu den Dolomiten des Grödnertals. Angeboten wird eine typische Südtiroler Küche mit mediterranem Einschlag. Das Fleisch stammt von den umliegenden Bauernhöfen.

Aus der Speisekarte: Die Speisekarte bietet Eisacktaler Weinsuppe, Bandnudeln mit Pilzen, „Hatzis-Maccheroni" mit Rucola, Cocktailtomaten und Mozzarella oder Grillspezialitäten. Abends gibt es darüber hinaus viele Salatvariationen und Pizza aus dem Ofen. Zum Dessert kann man Topfenknödel oder Topfenstrudel probieren. Die Weine stammen vorwiegend aus Südtirol, die meisten sind auch glasweise zu haben.

UNSERE RECHNUNG

Eisacktaler Weinsuppe	*€ 5,00*
Geröstete Speckknödel mit grünem Salat	*€ 10,00*
Hausschnitzel mit Schinken, Spinat und Mozzarella	*€ 15,00*
1 Glas Rotwein	*€ 2,50*
1 Glas Weißwein	*€ 2,00*
½ l Mineralwasser	*€ 1,50*
Gesamtsumme	***€ 36,00***

Juli 2008

2 RUNDWANDERUNG IN ST. PETER IN LAJEN

TECHNISCHE DETAILS

Wanderung
Leichte Rundwanderung

Jahreszeit
Frühling bis Spätherbst

Gehzeit
2 ½ Stunden

Höhenunterschied
Ca. 400 m

Anfahrt
Von Waidbruck nach Lajen und weiter nach St. Peter

Parken
Am Dorfplatz gegenüber vom Gasthaus Überbacher

Gemütliche Wanderung im Eisacktal, die schöne Ausblicke zum Langkofel, zur Seiser Alm, nach Kastelruth und zum Rittnerhorn bietet.

Route: In St. Peter, einem kleinen Weiler in der Gemeinde Lajen, (Parkmöglichkeit beim Gasthaus Überbacher) beginnt die Wanderung. Oberhalb der schön gelegenen Kirche von St. Peter geht es auf der asphaltierten Straße kurz bergauf, ehe man links auf dem verkehrsfreien Höfeweg, Beschilderung „Raschötz", in weiten Kehren – leicht ansteigend – durch den Wald geht. An der Weggabelung nimmt man den Weg 35 und folgt dem Schild „Unterpulghütte". An der Hütte verlässt man den Weg 35 und geht auf dem linken Steig, der nach einigen hundert Metern wieder links abbiegt und nun die Beschilderung „St. Peter" trägt, weiter. Dieser Verbindungsweg ist nicht nummeriert und verläuft quer über die Wiesen bis zum ursprünglichen Höfeweg und von dort weiter nach St. Peter.

Variante: An der Unterplughütte folgt man dem Weg 35 und gelangt über Tschöfas nach Lajen und über den ausgeschilderten „Poststeig" wieder nach St. Peter. (Gehzeit: gut 1 Stunde)

Langkofel und Sellagruppe

GUTSCHEIN
im Wert von 6,00 €
und von 30,00 €
auf Seite 181

auf Seite 181

Gasthof Überbacher
St. Peter/Lajen
Tel. 0039 0471 655639
www.ueberbacher.com
Öffnungszeiten: ganzjährig
Ruhetag: Montag

TOP, WEIL ...

die gemütliche Wanderung im mittleren Eisacktal durch schöne Dörfer und Höfe führt und zu einem Gasthaus mit Aussicht.

GASTHOF ÜBERBACHER

Der Gasthof liegt am Dorfplatz von St. Peter, gleich neben der Kirche.
Vom Gasthaus hat man eine schöne Aussicht, ganz gleich, ob man im Speisesaal, in der großen alten Zirbelstube, im Wintergarten oder auf der Terrasse sitzt. Auf der monatlich wechselnden Speisenkarte stehen Tiroler Gerichte mit italienischem Einschlag, d. h. auch Fisch. Die Teigwaren sind hausgemacht, das Fleisch stammt aus der Umgebung.

Aus der Speisekarte: Serviert werden Bavette mit Meeresfrüchten, Polenta vom Grill mit Kräuterkäse, Hirschfilet vom Rost mit Blaukraut, gekochtes Rindfleisch mit salsa verde (grüner Soße) und Kartoffeln; zum Dessert gibt es eine Auswahl an Torten, Eis und Halbgefrorenem. Die große Weinkarte enthält Weine aus Südtirol und Italien, einige davon werden auch glasweise ausgeschenkt.

UNSERE RECHNUNG

Gebackener Camembert mit Preiselbeeren	*€ 7,00*
Pappardelle mit Pilzen	*€ 6,50*
Polenta vom Grill mit Kräuterkäse	*€ 5,00*
Gekochtes Rindfleisch	*€ 9,50*
Nougatknödel mit Vanillesauce und Nusseis	*€ 3,50*
2 Gläser Lagrein	*€ 4,40*
½ l Mineralwasser	*€ 1,40*
Gesamtsumme	***€ 37,30***

Juli 2008

3 AUF DEM KESCHTNWEG NACH KLAUSEN

TECHNISCHE DETAILS

Wanderung
Leichte zweitägige Wanderung, geübte Wanderer können sie aber auch an einem Tag schaffen.

Jahreszeit
Frühling bis Spätherbst

Gehzeit
1. Tag: 4 Stunden,
2. Tag: ca. 3 Stunden (wer die Wanderung an einem Tag machen will, muss also mit gut 7 Stunden rechnen)

Höhenunterschied
512 m im Aufstieg

Anfahrt
Von Brixen zum Kloster Neustift

Parken
Im Klosterbereich

Der Besinnungsweg vom Kloster Neustift über Säben nach Klausen ist eine gemütliche Zweitagestour.

Route: Beim Kloster Neustift bei Brixen geht man über die Brücke und auf Weg „O" nach Vahrn. Bei der Pfarrkirche trifft man auf den Keschtnweg – in seiner ganzen Länge führt der Weg vom Vahrner See bis auf den Ritten –, der zunächst an der Salernstraße entlang führt. Dann geht es über zwei Bauernhöfe hinauf zur Kapelle St. Cyrillius, nach Pinzagen und weiter nach Tötschling. Richtung Feldthurns trifft der Weg beim Landgasthof Wöhrmaurer auf die Straße. Am nächsten Tag wandert man zum Ansitz Ziernfeld und weiter zum Schloss Velthurns. Dann geht es durch das Dorf zum großen Bauernhof Moar zu Viersch, anschließend zum Huber in Pardell und über den Sattel zum Kloster Säben. Der Abstieg erfolgt über den Pflasterweg nach Klausen. Die Markierungen auf dieser Route wechseln ständig, der Keschtnweg ist aber durchgehend ausgeschildert und deshalb leicht zu finden.

Variante: Man kann auch nur den oben beschriebenen Weg nach Feldthurns absolvieren (Gehzeit: ca. 4 Stunden) und mit dem Bus nach Brixen zurückfahren. Bis Neustift nimmt man den Citybus oder geht zu Fuß.

Klausen mit Kloster Säben

GUTSCHEIN
im Wert von 10,00 €
auf Seite 182

Landgasthof Wöhrmaurer
Tschiffnon/Feldthurns
Tel. 0039 0472 855301
www.woehrmaurer.com
Öffnungszeiten: ganzjährig (Urlaub Mitte Jänner–Mitte Februar)
Ruhetag: Montag

TOP, WEIL ...

eine Wanderung über den Keschtnweg nicht nur Erholung für den Körper, sondern auch für die Seele ist.

LANDGASTHOF WÖHRMAURER

Der Gasthof liegt am Keschtnweg von Brixen nach Klausen und bietet Wanderern und Pilgern Übernachtungsmöglichkeiten; für Mountainbiker werden besondere Touren angeboten.
Das Haus liegt ruhig, bietet eine schöne Aussicht und ein gediegenes Tiroler Ambiente. Genauso ist auch die Küche, in der viele Erzeugnisse der umliegenden Bauernhöfe verarbeitet werden, z. B. Lammfleisch, Eier, Käse und Wein.

Aus der Speisekarte: Die Speisekarte wechselt je nach Saison. Der eigene Kräuter- und Gemüsegarten liefert viele frische Zutaten, die auch für die Pizza verwendet werden. Einige Brotsorten – das Pizzabrot oder das Brot aus Sauerteig, mit Brotklee, Nüssen und Fenchel – sind hausgemacht. Aufgetischt werden Hirschtortelloni mit Preiselbeerbutter, überbackene Käse-Cannelloni auf Tomatensoße, Spaghetti mit hausgemachtem Pesto, Zwiebelrostbraten mit Kräuterbutter, Nougatmousse, Halbgefrorenes mit Löwenzahnhonig, Schokotörtchen mit Sahne und hausgemachte Kuchen. Große Auswahl an Eisacktaler Weinen von kleinen Produzenten.

UNSERE RECHNUNG

Antipasto (Häppchen) des Hauses	*€ 8,00*
Hirschtortelloni mit Preiselbeerbutter	*€ 8,00*
Gegrilltes Lammkotelett mit zwei Beilagen und Salat	*€ 14,00*
Apfelstrudel	*€ 2,50*
½ l Rotwein	*€ 4,40*
½ l Mineralwasser	*€ 1,60*
Gesamtsumme	***€ 38,50***

Mai 2008

4 VON DER STÖFFLHÜTTE ZUM TOTEN KIRCHL

TECHNISCHE DETAILS

Wanderung
Mittelschwere Wanderung

Jahreszeit
Ganzjährig

Gehzeit
4 Stunden (3 Stunden zum Totenkirchl und ca. 1 Stunde für den Rückweg)

Höhenunterschied
470 m

Anfahrt
Von Klausen nach Villanders und über den Samberg zur Gasserhütte

Parken
Bei der Gasserhütte

Der Weg führt über die große und weite Villanderer Alm zur einsamen Kirche „am Toten".

Route: Bei der Gasserhütte (großer Parkplatz – Panoramatafel), beginnt der Weg 15, der bis zur Stöfflhütte durchmarkiert ist. Leicht ansteigend führt der Weg über Hochmoore und Wiesen zum neu erbauten Berggasthaus. Von der Hütte führt der Weg 16 weiter zum Prackfiederer Jöchl, zum Wetterkreuz 2218 (höchster Punkt der Wanderung) und zum Totenkirchl. Der Ausblick zu den Dolomiten und über das ganze Almgebiet ist atemberaubend. Auf Weg 6 geht man gemütlich über die Alm zum Weg 15 (beim nächsten Wetterkreuz), der den Wanderer zurück zum Parkplatz bringt.

Variante: Der Weg zur Stöfflhütte ist auch im Winter sehr beliebt.

Die Langkofelgruppe von der Villanderer Alm aus gesehen

GUTSCHEIN
im Wert von 8,00 €
und von 40,00 €
auf Seite 182

Berggasthaus Stöfflhütte
Latzfonser-Villanderer Alm
Mobil 0039 320 3364998
www.stoefflhuette.it
Öffnungszeiten: ganzjährig (geschl. Nov. bis 26. Dez. und Mitte März bis Mitte Mai)
Kein Ruhetag

TOP, WEIL ...

man sich auf der Villanderer Alm zu jeder Jahreszeit herrlich erholen kann und der Panoramablick von der Stöfflhütte zu den Dolomiten und über das Eisacktal einmalig ist.

BERGGASTHAUS STÖFFLHÜTTE

Das neu errichtete Berggasthaus liegt zentral auf der Villanderer Alm und bietet ein unglaubliches Panorama.
Zwei Stuben mit Holztäfelung und eine große Terrasse mit herrlichem Ausblick auf die Dolomiten verfügen über zahlreiche Sitzplätze. Das Berggasthaus bietet Übernachtungsmöglichkeiten und ist auch im Winter geöffnet, wenn viele Schneeschuhwanderer und Langläufer die Alm besuchen. Die Küche setzt auf Tradition, ist aber auch saisonal orientiert. Fast alles ist hausgemacht.

Aus der Speisekarte: Auf der Karte stehen Kartoffelteigtaschen mit Steinpilzen, Käsenocken, Hirschgulasch, Lammbraten und hausgemachte Mehlspeisen. Es gibt drei Rot- und zwei Weißweine, die auch glasweise ausgeschenkt werden. Im Herbst werden typische Eisacktaler Törggele-Gerichte angeboten, im Winter Fondue-Abende mit anschließender Rodelabfahrt.

UNSERE RECHNUNG

Schwarzplentene (Buchweizen) Käsenocken	*€ 6,50*
Speckknödelsuppe	*€ 4,50*
Hirschgulasch mit Semmelknödel	*€ 11,00*
Buchteln mit Vanillesauce	*€ 3,20*
½ l Rotwein	*€ 4,00*
½ l Mineralwasser	*€ 1,60*
Gesamtsumme	***€ 30,80***

Mai 2008

5 AUF DEM KESCHTNWEG NACH VERDINGS

TECHNISCHE DETAILS

Wanderung
Leichte Mittelgebirgswanderung

Jahreszeit
Frühjahr bis Herbst

Gehzeit
2 ¾ Stunden

Höhenunterschied
200 m

Anfahrt
Vom Eisacktal nach Feldthurns und links weiter Richtung Latzfons, nach 2 km links hinunter nach Pardell (Obergostnerhof)

Parken
Parkplatz in Pardell

TIPP

Restaurant-Pension Valentin

Im malerischen Dörfchen Verdings neben der Kirche; täglich neues Menüangebot mit Eisacktaler Spezialitäten. Spezialitätenwochen das ganze Jahr.

Verdings 27
I-39043 Klausen
Tel. + Fax 0039 0472 857099
www.stvalentin.net
info@stvalentin.net
Öffnungszeiten: ganzjährig
Ruhetag: Dienstag

Die Rundtour führt von Pardell über den Keschtnweg und Panoramaweg nach Verdings und zurück.

Route: Über Feldthurns nach Pardell, Parkmöglichkeiten im Dorf, über den ausgeschilderten „Keschtnweg" Richtung Feldthurns, über den „Moar zu Viersch"-Hof. Der Weg quert alte bäuerliche Kulturlandschaften, vorbei an Kapellen und Bildstöcken. Nun den Keschtnweg verlassend links hinauf, dem Schild „Panoramaweg" folgend zurück und an der Weggabelung im Wald weiter auf 1B hinüber in den Ort Verdings. Am Dorfplatz steht eine Panoramatafel, da sieht man schön, wie man auf dem Weg 1 direkt hinunter zum Keschtnweg und nach Pardell gehen kann, wo sich die Rundwanderung schließt. Einkehr in Verdings siehe Tipp.

Variante: Eine schöne Kurzwanderung führt von Pardell den Keschtnweg zuerst hinunter und über den Bergsattel hinüber zum Kloster Säben (Besichtigungsmöglichkeit), über den Kreuzweg hinunter, unterhalb der Liebfrauenkirche, geht es rechts dem alten Prälatenweg folgend, wieder zurück und hinauf zum Keschtnweg und nach Pardell, Gehzeit knappe 2 Stunden.

Kloster Säben

GUTSCHEIN
im Wert von 5,50 €
und von 15,00 €
auf Seite 183

Urlaub a. d. Bauerhof
Obergostnerhof
Pardell/Klausen
Tel. 0039 0472 855548
www.gasser.bz.it
Öffnungszeiten: ganzjährig
von 8 bis 12 Uhr und
von 14 bis 18 Uhr
Kein Ruhetag

TOP, WEIL ...

die Wanderung auf dem Keschtnweg zu einem schönen Bauernhof führt, bei dem man gut Einkaufen und den Urlaub verbringen kann.

URLAUB A. D. BAUERNHOF OBERGOSTNERHOF

Der Bauernhof liegt in Pardell neben dem Gasthaus Huber und ist mit dem Auto über Feldthurns erreichbar. Der Hof vermarktet seine Produkte unter dem Namen „Gasser"; außerdem kann man hier auch Urlaub auf dem Bauernhof machen. Man kann von hier aus die oben beschriebene Rundwanderung machen und anschließend die Produkte des Hofes verkosten und kaufen.

Hofeigene Produkte: Aus verschiedenen Apfelsorten wie Golden Delicious, Jonagold und Elstar, aber auch aus Steinobst werden auf schonende Weise Trockenfrüchte hergestellt. Der Apfelsaft wird auf 70 °C erhitzt und so ohne Konservierungsmittel ein Jahr lang haltbar gemacht. Drei Sorten – von süß bis sauer – sind im Angebot. Verkauft werden auch Kren (Meerrettich) – fix und fertig verarbeitet, schmeckt zur Hauswurst oder zum Osterschinken –, Marmeladen aus Kastanien, Himbeeren, Heidelbeeren und Erdbeeren sowie verschiedene Sirupe (z. B. aus Pfefferminze, Holunderblüten und Himbeere). Alles wird auf dem Hof selbst hergestellt und stammt aus eigenem Anbau. Ein „Nusseler", ein Nusslikör aus grünen Nüssen, und frisches Obst (nur im Herbst) runden die Angebotspalette ab. Besonderer Service: die Zusammenstellung von Geschenkkörben.

UNSERE RECHNUNG

1 l Apfelsaft	*€ 2,00*
90 g Apfelgrips	*€ 3,00*
340 g Kastanien-marmelade	*€ 5,50*
240 g Kren	*€ 6,00*
Gesamtsumme	***€ 16,50***

Juni 2008

6 RUNDWANDERUNG IM VILLNÖSSTAL

TECHNISCHE DETAILS

Wanderung
Leichte Rundtour in einer Dolomitenlandschaft

Jahreszeit
Ganzjährig

Gehzeit
2 ½ Stunden

Höhenunterschied
390 m

Anfahrt
Vom Eisacktal zweigt die Straße ins Villnößtal ab.

Parken
In Zans großer gebührenpflichtiger Parkplatz

Die Wanderung beginnt im Talschluss von Villnöss und führt durch eine weite, unberührte und wilde Landschaft zur Gampenalm.

Route: In Zans im Villnößtal (großer Parkplatz) folgt man Weg 35A oder Weg 6 der Beschilderung „Gampenalm" folgend; zuerst geht es durch den Wald und den romantisch gelegenen Wildbach entlang Richtung Tschantschnon und weiter zur schön gelegenen Gampenalm (2063m).
Von der Gampenalm zurück auf Weg 33 über Almwiesen mit herrlichem Blick auf die Geislerspitzen, beim Kaserillbach vorbei zur Zanseralm zum Parkplatz.
Die Winterwanderung führt über den Weg 33 durch eine verzauberte Landschaft und der Rückweg ist als tolle Rodelbahn angelegt.

Bizarre Felsformationen in der Geislergruppe

GUTSCHEIN
im Wert von 6,00 €
und von 10,00 €
auf Seite 183

Berggasthaus Gampenalm
St. Magdalena/Villnöß
Tel 0039 348 2721587
www.gampenalm.com
Öffnungszeiten: Ende Mai bis Anfang Oktober (Übernachten)
Kein Ruhetag

TOP, WEIL ...

das Villnößtal zu den schönsten Tälern Südtirols zählt und die Wanderung unter den Gipfeln des Puez Geisler einen Eindruck von der landschaftlichen Schönheit der Dolomiten gibt.

BERGGASTHAUS GAMPENALM

Die Alm liegt in einer Naturparklandschaft mit herrlichem Ausblick auf die Puez-Geisler-Gruppe.
Das Almgasthaus wurde neu erbaut und mit viel Holz einfach und gediegen ausgestattet. Draußen sitzt man auf einer Holzterrasse und genießt den Blick auf die einmalige Landschaft. Die Küche bietet unter anderem bodenständige Kost: Käse, Speck, Rindsgeselchtes und Fleisch stammt aus eigener Produktion und das Wildfleisch aus dem Villnösser Jagdgebiet.
Die Gampenalm hat auch im Winter geöffnet und die Gegend ist für Rodler, Skitourengeher und Schneeschuhwanderer ein Paradies.

Aus der Speisekarte: Aufgetischt werden verschiedene hausgemachte Knödel und Suppen, Wildgulasch und „Bauernbratl". Zünftige „Gompenmarenden" mit Speck, Rindsgeselchtem und Käse, sowie Nachspeisen wie „Buchteln", Topfenstrudel und Kaiserschmarrn sind ebenfalls zu genießen.

UNSERE RECHNUNG

Speckplatte	*€ 9,00*
Gerstsuppe	*€ 4,50*
Nocken-Tris	*€ 6,50*
Kaiserschmarrn	*€ 6,50*
½ l Rotwein	*€ 4,50*
½ l Mineralwasser	*€ 1,70*
Gesamtsumme	***€ 32,70***

Juli 2008

7 FAHRRADTOUR VON KLAUSEN NACH BRIXEN

TECHNISCHE DETAILS

Fahrradtour
Leichte Tour

Jahreszeit
Ganzjährig

Fahrzeit
1 ¼ Stunden

Strecke
Hinfahrt 13,2 km

Anfahrt
Von Bozen kann man mit dem Auto oder mit dem Zug nach Klausen fahren.

Parken
Beim Bahnhof in Klausen

Auf dem neuen Fahrradweg geht es von Klausen in die alte Bischofsstadt Brixen.

Route: Vom Bahnhof Klausen nimmt man den Fahrradweg – er verläuft großteils am Eisack entlang und ist gut ausgeschildert – und fährt Richtung Brixen. Die Strecke ist fast eben und wer will, kann eventuell noch bis Neustift radeln. Auf dem Hin- oder Rückweg sollte man unbedingt die Altstadt besichtigen, der Domplatz ist immer einen Besuch wert.
Alternative: Für den Wanderer oder Spaziergänger empfiehlt sich eine Kurztour vom Schwimmbad „Aquarena" – am Eisack entlang – zum Kloster Neustift. Der Weg ist gut ausgeschildert. (Gehzeit: ca. eine ¾ Stunde)
Besonderheiten der Gegend: Kunstinteressierte sollten in Brixen den Domplatz, den Dom und den Kreuzgang besichtigen; Wasserratten einen Abstecher ins Schwimmbad Aquarena machen.

Kloster Neustift

GUTSCHEIN
im Wert von 10,00 €
auf Seite 184

auf Seite 184

Restaurant Grissino
Brixen
Tel. 0039 0472 262510
www.acquarena.it
Öffnungszeiten: ganzjährig
Kein Ruhetag

TOP, WEIL ...

man bei der Radtour oder beim Spaziergang einen Streifzug durch Geschichte und Kunstgeschichte machen kann und auch der leibliche Genuss nicht zu kurz kommt.

RESTAURANT GRISSINO

Das Grissino – mit viel Holz und Glas modern eingerichtet – liegt im neuen Bade- und Sportkomplex Aquarena und ist nicht nur für Badegäste zugänglich.
Das Restaurant verfügt über eine große überdachte Terrasse. Hier kann man nach einer Radtour oder nach dem Baden einen leichten Imbiss zu sich nehmen. Die Küche ist italienisch und thailändisch orientiert. Die Showküche und die Sushi-Bar geben dem Ganzen einen internationalen Touch.

Aus der Speisekarte: Die Karte verzeichnet eine große Auswahl an Fisch- und Fleischgerichten, vegetarischen Gerichten und jede Menge Pizza; die hauseigene Patisserie liefert Süßes vom Feinsten, inklusive Eisspezialitäten. Große Auswahl an Südtiroler und italienischen Weinen, viele davon kann man auch glasweise verkosten.

UNSERE RECHNUNG

Bento Tokio Sushi Variation für zwei Personen	*€ 36,00*
Dessertvariation	*€ 7,80*
2 Gläser Weißwein (Silvaner)	*€ 5,40*
½ l Mineralwasser	*€ 1,70*
Gesamtsumme	***€ 50,90***

Juli 2008

8 RUNDWANDERUNG ZUR KREUZWIESENALM

TECHNISCHE DETAILS

Wanderung
Leichte Rundwanderung

Jahreszeit
Ganzjährig

Gehzeit
Ca. 3 Stunden

Höhenunterschied
460 m

Anfahrt
Von Brixen nach Lüsen, beim Dorf vorbei Richtung Flitt zu den Schwaiger Böden.

Parken
Parkplatz bei den Schwaiger Böden am Ende der Straße

Von den Schwaiger Böden oberhalb von Lüsen führt die Wanderung hinauf ins weite Gebiet der Lüsner Alm.

Route: Bei den Schwaiger Böden (Parkplatz) geht man auf Weg 2 zuerst durch Wald, dann über offene Almwiesen bis zum Jakobsstöckl (2026 m). Anschließend wandert man in mäßiger Steigung zum Aussichtspunkt Campill, der auf 2190 m liegt und ein sehr lohnenswertes Panorama bietet, und zwar auf die Dolomiten und die Pfunderer Berge. Nach der Überschreitung des Campill führt der Weg links hinunter zur Kreuzwiesenalm und weiter auf Weg 2 A durch den Wald zu den Schwaiger Böden.
Variante: Die Wanderung lässt sich beliebig ausdehnen, denn im Gebiet der Lüsner Alm gibt es viele gut markierte Steige. So kann man zum Beispiel von Campill auf dem Kamm zum Astjoch wandern und von dort zur Kreuzwiesenalm absteigen.

Kreuzwiesenalm und Peitlerkofel

GUTSCHEIN
im Wert von 20,00 €
auf Seite 184

Schutzhütte Kreuzwiesenalm
Lüsner Alm
Tel. 0039 0472 413714
Mobil 0039 333 7484880
www.kreuzwiesenalm.com
Öffnungszeiten:
Mai bis November; Silvester und Fasching
Kein Ruhetag

TOP, WEIL ...

die Lüsner Alm ein herrlich ruhiges Wandergebiet ist, der Campill eine herrliche Fernsicht bietet und die Kreuzwiesenalm sehr schön gelegen ist.

SCHUTZHÜTTE KREUZWIESENALM

Die sehr schön renovierte Alm hat eine herrliche Lage und bietet auch Übernachtungsmöglichkeiten.
Ob im Freien oder in der lichten Holzstube, hier sitzt es sich überall gut. Besonders schön und angenehm ist es, wenn das Traumpanorama über Dolomiten, Plose, Sarntaler und Stubaier Alpen und Pfunderer Berge im Abendlicht leuchtet. Die Küche ist typisch tirolerisch und verarbeitet Milch, Käse und Fleisch aus eigener Herstellung und Gemüse aus dem eigenen Garten. In der eigenen Käserei wird Almkäse hergestellt, der lange reift, aber auch Graukäse, Zieger und Frischkäse.

Aus der Speisekarte: Käse findet sich auf der Speisenkarte in allen Variationen: „Ziggokas" mit Almbutter, Salatteller mit hauseigenem Frischkäse oder Graukas-Pressknödel in der Suppe. Darüber hinaus gibt es Gemüsesuppe, Rindsgulasch mit Knödeln, Bergkäseomelette und Kaiserschmarrn. Bekannt ist die Alm auch für ihren Strudel und die hausgemachten Kuchen, den Naturjoghurt mit Waldfrüchten sollte man unbedingt probieren.

UNSERE RECHNUNG

Gemischte Käseplatte	*€ 8,00*
Zwei Graukas-Pressknödel in der Suppe	*€ 5,30*
Kaiserschmarrn mit Preiselbeeren	*€ 6,00*
Hausgemachter Naturjoghurt mit Waldfrüchten	*€ 3,50*
1 l Mineralwasser	*€ 3,00*
Gesamtsumme	***€ 25,80***

Juni 2008

9 DIE DÖRFERRUNDE IN NATZ-SCHABS

TECHNISCHE DETAILS

Wanderung
Leichte, aber weitläufige Rundwanderung

Jahreszeit
Ganzjährig

Gehzeit
3 ½ Stunden

Höhenunterschied
200 m

Anfahrt
Von Brixen nach Schabs

Parken
Beim Gasthof Sonneck oder im Dorf Schabs

Die Frühlings- und Herbstwanderung auf dem sonnigen Plateau von Natz-Schabs führt durch vier hübsche Dörfer.

Route: Beim Gasthaus Sonneck an der Pustertaler Straße (Parkplatz) wandert man über den Fußgängersteg und auf dem ausgeschilderten Weg nach Schabs. Weiter geht es durch das Dorf und links – dem Schild „Dörferrunde" folgend (Weg 2 bis Raas) – durch Wald und später durch Obstwiesen zum Flötscher Weiher. Am Seehof überquert man die Straße und läuft weiter durch Wiesen und Wald – immer dem ausgeschilderten Weg nach – bis Raas. Anschließend führt der Weg durch die Kulturgründe nach Natz, durch das Dorf und weiter – dem Schild „Dörferrunde" folgend – rechts hinaus zum Aussichtspunkt Waldertor. Nach Schabs führt der Weg, hauptsächlich auf Waldsteigen, über Viums und vorbei am Viummer Kreuz (Kapelle) zurück

Variante: Man kann die Dörferrunde auch abkürzen und in Raas den Weg 4 nach Natz nehmen. In Natz geht man durch das Dorf und auf Weg 1 nach Viums. An der Panoramatafel biegt man links auf den Weg 3, Markierung „Dörferrunde", der wie oben beschrieben nach Schabs zurückführt. (Die Gehzeit verkürzt sich um 1 ½ Stunden.)

Die Hochfläche von Natz-Schabs

GUTSCHEIN
im Wert von 9,00 €
und von 15,00 €
auf Seite 185

Gasthof Sonneck
Natz/Schabs
Tel. 0039 0472 412037
www.hotel-sonneck.it
Öffnungszeiten: ganzjährig
Ruhetag: Donnerstag

TOP, WEIL ...

die Dörferrunde durch die Natur- und Kulturlandschaft zu vier schmucken Dörfern führt und man sich anschließend mit einer kräftigen Mahlzeit stärken kann.

GASTHOF SONNECK

Das Gasthaus liegt an der Straße ins Pustertal und am Radweg, der vom Eisacktal ins Pustertal führt.
Das traditionelle Landgasthaus bietet Tiroler Küche in großen Portionen. Man sitzt im Freien auf der schattigen Terrasse oder im Speisesaal. Die Teigwaren sind hausgemacht.

Aus der Speisekarte: Von der flinken Bedienung werden Tris nach Art des Hauses (Käsenocken, Schlutzkrapfen, Pappardelle mit Pilzen), Spaghetti Carbonara, Pappardelle mit Hirschragout, Schwarzplentene (Buchweizen) Käsenocken, Knödel mit Pfifferlingen, Gemüse mit Grillkäse und mehrere vegetarische Gerichte, z. B. Gemüseplatte mit Spiegelei auf den Tisch gebracht.

UNSERE RECHNUNG

„Sonneck Hausplatte" für zwei Personen	*€ 38,00*
Heiße Himbeeren mit Vanilleeis	*€ 4,50*
1 l Hauswein	*€ 9,00*
½ l Mineralwasser	*€ 1,60*
Gesamtsumme	***€ 53,10***

Juni 2008

10 ZU DEN BURGEN SPRECHENSTEIN UND REIFENSTEIN

TECHNISCHE DETAILS

Wanderung
Mittlere Rundwanderung

Jahreszeit
Ganzjährig

Gehzeit
2 ½–3 Stunden

Höhenunterschied
300 m

Anfahrt
Von der Autobahnausfahrt Sterzing fährt man auf der Staatsstraße Richtung Süden, dort zweigt links die Straße nach Trens ab.

Parken
Bei der Pfarr- und Wallfahrtskirche Maria Trens

Die Wanderung im Wipptal beginnt bei der Marienwallfahrt Trens und führt zu zwei Burgen südlich von Sterzing.

Route: Von Trens (Parkmöglichkeiten bei der Kirche) wandert man die Dorfstraße entlang auf Weg 24 – Beschilderung „Sterzing" – Richtung Norden. Der Weg geht nur mäßig ansteigend in einen Waldsteig über und zieht sich, an Höhe gewinnend, bis zur Abzweigung „Sprechenstein". Jetzt geht es hinunter zur Burg Sprechenstein, die auf einem vorgelagerten Felssporn thront. An der Scheune des daneben liegenden Bauernhofes biegt man links ab und steigt über einen steilen Serpentinenweg zur Eisacktaler Straße ab. Nun nimmt man den Weg, der rechts an der Straße entlang über die Brücke führt und überquert die Straße beim Hinweisschild „Elzenbaum". Der ebene Fahrweg bringt den Wanderer zum gleichnamigen Weiler auf der anderen Talseite. Hier befindet sich die Burg Reifenstein, die man auch besichtigen kann. Folgt man dem Wegweiser 20 B „Niederried", kommt man nach Stilfes. Nun geht es – immer der Beschilderung „Trens" folgend – zum Ausgangspunkt der Wanderung zurück.
Variante: Kürzer ist die Rundwanderung wenn man nach dem Abstieg von der Burg Sprechenstein auf dem ausgeschilderten Besinnungsweg nach Trens zurückwandert.

Burg Reifenstein

GUTSCHEIN
im Wert von 8,50 €
und von 15,00 €
auf Seite 185

Gasthof Hotel Bircher
Freienfeld
Tel. 0039 0472 647122
www.hotelbircher.it
Öffnungszeiten: 26. Dezember bis Ostern und April bis Allerheiligen
Ruhetag: Dienstag

TOP, WEIL ...

man bei der Rundwanderung von der Wallfahrtskirche zu den Burgen und durch das Tal zurück etwas für Geist, Körper und Seele unternimmt.

GASTHOF HOTEL BIRCHER

Traditionreicher Dorfgasthof direkt neben der Wallfahrtskirche in Maria Trens. Die schöne Sonnenterrasse lädt zum Verweilen ein, die gemütlichen Stuben sind auch geeignet für kleinere und größere Feierlichkeiten. Für Kinder gibt es einen Spielplatz. Wallfahrten aber auch Wanderungen haben schon immer Durst gemacht, deshalb ist hier seit eh und je Hausgemachtes und Bodenständiges Tradition. Von den ruhigen Zimmern hat man einen schönen Blick aufs Tal.

Aus der Speisekarte: Die Küche bringt Schlutzkrapfen in brauner Butter, Kasnocken und Spinatknödel, gefüllte Teigtaschen (mit Spargeln, Mozzarella und Pilzen – je nach Saison) auf den Tisch. Zu empfehlen sind auch hausgemachte Nudeln mit Gemüse oder Wildragout, Hirsch oder Reh mit Blaukraut und Polenta, Tafelspitz mit hausgemachter Salsa verde. Hausgemachte Mehlspeisen, Eisbecher sowie Jausen gibt es den ganzen Tag über.

UNSERE RECHNUNG

Tiroler Tris	*€ 7,50*
Wienerschnitzel vom Kalb, in Butter gebacken, mit Preiselbeeren und Kartoffelsalat	*€ 13,00*
Halbgefrorenes	*€ 3,50*
Buchweizentorte	*€ 2,50*
½ l Rotwein	*€ 4,20*
½ l Mineralwasser	*€ 1,60*
Gesamtsumme	***€ 32,30***

Juli 2008

TOP 10

ROSENGARTEN, SCHLERN & GRÖDEN

Idyllische Alm vor großartiger Rosengarten-Kulisse

1 DER OACHNER HÖFEWEG

TECHNISCHE DETAILS

Wanderung
Leichte Wanderung auf einer Teilstrecke des Oachner Höfeweges

Jahreszeit
Ganzjährig

Gehzeit
1 Stunde

Höhenunterschied
200 m

Anfahrt
Von Bozen über Blumau ins Schlerngebiet, bei der Kreuzung Richtung Tiers abbiegen, nach der dritten Kehre zweigt rechts die Zufahrt zum Oberpsenner ab.

Parken
Beim Oberpsenner-Hof

TIPP

Gemoaner Hof
Buschenschank und Ferienwohnungen

Alter Hof mit Originalstube (1317), hauseigener Garten mit Kapelle und Blick auf den Rosengarten. Hofeigene Produkte.

Unteraicha 9
I-39050 Völs am Schlern
Tel. 0039 0471 601252
www.gemoanerhof.it
Öffnungszeiten Buschenschank: Frühjahr und Herbst
Ferienwohnungen: ganzjährig

Die Wanderung macht nur eine Teilstrecke des einmalig schönen und originellen Oachner Höfewegs im Schlerngebiet, der von Prösels bis St. Katherina geht und für den man insgesamt vier Stunden braucht.

Route: Die Tour beginnt beim Oberpsenner-Hof (Parkplatz). Von dort geht man auf dem unteren Teil des Höfeweges bis zum Außerpeskolerhof, dann hinunter nach Gstatsch und weiter zum Prackfolerhof (Bauernladen), ein besonderer Tipp für Naturliebhaber. In einer Schleife führt der Weg – er folgt alten Güterwegen – durch Weinberge aufwärts zum Gemoaner Hof (uralter Bauernhof) und weiter zu den Höfen Unterpsenner und Mitterpsenner. Der Höfeweg steigt nun zur Tierserstraße auf, überquert sie zweimal und biegt dann rechts ab zum Oberpsenner Hof. Der Rückweg erfolgt auf derselben Strecke.
Variante: Wer eine etwas längere Tour machen möchte, der startet in Völser Aicha und geht dann auf dem Höfeweg bis zum Prackfoler und weiter wie oben beschrieben. Für den Rückweg kann man auch den Bus nehmen (Haltestelle an der Tierser Straße).

Der Gipfel des Santners

GUTSCHEIN
im Wert von 5,50 €
und von 40,00 €
auf Seite 186

Ferienwohnungen &
Hofladen Prackfolerhof
Unteraicha/Völs am Schlern
Tel. 0039 0471 601532
www.prakfolerhof.it
Öffnungszeiten: ganzjährig
von 9 bis 19 Uhr
Kein Ruhetag

TOP, WEIL ...

der Höfeweg gut ausgeschildert ist und es sich darauf wunderbar wandern lässt, außerdem kann man unterwegs zwei interessante Bauernhöfe besuchen.

FERIENWOHNUNGEN & HOFLADEN PRACKFOLERHOF

Der Prackfolerhof befindet sich in Völser Aicha 15 km von Bozen und gleichzeitig nur einen Steinwurf von dem Wanderparadies der Dolomiten entfernt. Der Bauernhof liegt auf 600 m und ist der unterste Hof entlang des Höfeweges, die nächste Einkehr – der Gemoaner Hof – liegt etwas oberhalb. Der Hof hat sich auf die Erzeugung besonderer Naturprodukte spezialisiert und bietet für Menschen, die absolute Ruhe suchen, auch Urlaub auf dem Bauernhof an.

Hofeigene Produkte: Im Hofladen angeboten werden Konfitüren – aus Himbeeren, Erdbeeren, Preiselbeeren, Marillen und Zwetschgen –, verschiedene Säfte und Holundersirup sowie Rot- und Weißwein. Außerdem werden selbst hergestellte Kräuterkissen, Duftkerzen, Lavendelsäckchen und bäuerlicher Weihnachtsschmuck verkauft.

UNSERE RECHNUNG

1 Fl. Sauvignon	*€ 8,50*
1 Fl. Vernatsch	*€ 5,50*
Konfitüre (230 ml)	*€ 2,00*
Kirschkernkissen	*€ 11,00*
Gesamtsumme	***€ 27,00***

Juni 2008

2 RUNDWANDERUNG IM TIERSER TAL

TECHNISCHE DETAILS

Wanderung
Leichte Tour mit etwas steilem Aufstieg

Jahreszeit
Ganzjährig

Gehzeit
2 ½ Stunden

Höhenunterschied
350 m

Anfahrt
Von Bozen über Blumau ins Schlerngebiet, an der Kreuzung ins Tiersertal biegt man ab und fährt bis nach Tiers.

Parken
Im Dorfzentrum (gegenüber dem Hotel Paradies Residence)

Die Rundwanderung führt von Tiers über die Kapelle St. Sebastian und den Ansitz Völsegg zurück zum Ausgangspunkt.

Route: In Tiers (Parkmöglichkeiten im Dorfzentrum, gegenüber dem Hotel Paradies Residence) geht man zunächst auf der Dorfstraße links aufwärts, um dann rechts auf den Steig 4 (St. Sebastian) einzubiegen, der etwas steil, aber schattig bis zu einer einsamen Waldkapelle hinaufführt, die dem hl. Sebastian geweiht ist. Weiter wandert man nach links (immer auf Weg 4) – erst leicht aufwärts, später dann eben – über die „Sauböden" bis zu einem Weg, der zum schön gelegenen Ansitz Völsegg führt. Zurück nach Tiers nimmt man den Höfeweg.
Variante: Wer eine längere Tour machen will, der geht – wie oben beschrieben – auf Weg 4 bis zur ersten Weggabelung. Hier biegt man rechts auf Weg 6 U ab. Weiter geht es über Pagun taleinwärts bis kurz vor Weißlahnbad. Von dort hat man eine herrliche Aussicht auf den Rosengarten. Auf Weg 4 a wandert man Richtung Tschafon, bis man wieder auf den Weg 4 stößt, der oberhalb der Kapelle zum Hl. Sebastian entlangläuft. (Gehzeit: gute 4 Stunden)

Tierser Tal und Rosengarten im Hintergrund

GUTSCHEIN
im Wert von 15,00 €
auf Seite 186

Ansitz Völsegg
Tiers am Rosengarten
Tel. 0039 0471 642136
www.paradies.it
Öffnungszeiten: ganzjährig, ab Frühjahr 2009
Kein Ruhetag

TOP, WEIL ...

die Wanderung zur Kapelle des heiligen Sebastian und zum Ansitz Völsegg eine der schönsten im Tierser Tal ist.

ANSITZ VÖLSEGG

Das geschichtsträchtige Anwesen liegt in herrlicher Lage über dem Tal und wurde völlig neu erbaut.
Die Herren von Velseck errichteten hier einst eine Burg, die im Laufe der Jahrhunderte zur Ruine verkommen ist. Heute steht am „Velseck", unterhalb des Berggipfels Völsegg, ein neuer Bauernhof mit Gastbetrieb, Ferienwohnungen und Bauernladen. Der Ansitz wird im Frühjahr 2009 eröffnet: Ein sicherlich beliebtes Ausflugs- und Urlaubsziel für Wanderer und Gäste. Es wird zudem ein herrlicher Blick zum gegenüberliegenden Rosengarten geboten.

Aus der Speisekarte: Stärken kann man sich bei „Bergsteiger-Tris" (bestehend aus Brotnocken, Käseknödel und Spinatnocken), Knödel-Carpaccio an Gemüsejulienne mit gebackenem Kalbskopf, Graukäsesuppe nach Art des Hauses, Wildgulasch mit Polenta und Marktgemüse sowie Schwarzplentener (Buchweizen) Apfelriebler mit hausgemachter Preiselbeermarmelade.

UNSERE RECHNUNG

Schwarzbrotnocken	*€ 6,50*
Buchweizenpolenta mit Wachteleiern	*€ 7,00*
Plententer Apfelriebler mit hausgemachter Marmelade	*€ 7,00*
½ l Rotwein	*€ 4,00*
½ l Mineralwasser	*€ 1,80*
Gesamtsumme	***€ 26,30***

ab Frühjahr 2009

3 VON OBEREGGEN ZUR LANER ALM

TECHNISCHE DETAILS

Wanderung
Leichte Rundwanderung

Jahreszeit
Ganzjährig, im Winter Rodel- und Skiangebot

Gehzeit
1 ¾ Stunden

Höhenunterschied
300 m

Anfahrt
Von Bozen fährt man durch das Eggental nach Obereggen.

Parken
An der Talstation der Seilbahn Oberholz

Gemütliche Rundtour für die ganze Familie von Obereggen zur Laneralm und zurück. Die Wanderung geht an den beeindruckenden Felswänden des Latemar vorbei, um den Durabühel und über die Ochsenweide zurück.

Route: Von Obereggen (großer Parkplatz bei der Talstation der Seilbahn) nimmt man den breiten Weg 9 zur Laneralm. Von der Alm geht man rechts ab und wandert auf Weg 10 durch den Wald zum Durabühel. Weiter geht es hinunter zur Ochsenweide. Dort folgt man dem Weg 11, der den Wanderer über die Lärchenwiesen zum Parkplatz in Obereggen zurückbringt. Leichte Familienwanderung.

Variante: Wer etwas besonderes sucht, der sollte diese Gegend im Winter besuchen. Dann ist der Weg zur Laneralm eine gut präparierte Rodelbahn. Die Alm selbst kann man zu Fuß oder mit der Achtergondel erreichen. Dreimal pro Woche ist Nachtrodeln und Skifahren bei Flutlicht angesagt, außerdem gibt es viel Hüttengaudi.

Obereggen unterhalb des Latemar

GUTSCHEIN
im Wert von 10,00 €
auf Seite 187

Epircher Laner Alm
Deutschnofen
Mobil 0039 349 6199075
Öffnungszeiten: Dezember bis Ostern und Juni bis Oktober
Kein Ruhetag

TOP, WEIL ...

die gemütliche Tour durch eine schöne Wanderlandschaft führt und auch für Familien geeignet ist. Außerdem hat man einen wunderschönen Ausblick auf die Dolomiten und kann im Winter Nachtrodeln und Skifahren.

EPIRCHER LANER ALM

Das Berggasthaus steht auf dem Sattel zwischen Obereggen und dem Reiterjoch.
In dem mit viel Holz neu errichteten Berggasthaus wird typisch tirolerisch gekocht. Sitzen kann man in einem kleinen Speisesaal und auf einer großen Holzterrasse. Die Hütte liegt nicht nur zwischen den Skipisten, sondern auch an der Rodelbahn nach Obereggen; beim Nachtrodeln (Di, Do, Fr) bleibt die Küche sogar bis 22 Uhr geöffnet, sonst nur bis 16 Uhr.

Aus der Speisekarte: Auf der Speisekarte stehen im Sommer hausgemachte Schlutzkrapfen, Knödel und Nocken, aber auch Kaiserschmarrn, Strauben (in Öl ausgebackener Bierteig) und hausgemachte Kuchen, z. B. Apfelstrudel, Sacher- und Himbeertorte. Im Sommer werden auch Wildgerichte serviert wie Hirschfilet mit Pfifferlingen und Polenta oder Rehgulasch mit Tirolerknödel.

UNSERE RECHNUNG

Leberknödelsuppe	*€ 5,00*
Nocken-Tris mit brauner Butter	*€ 7,50*
Wienerschnitzel mit Röstkartoffeln	*€ 11,00*
½ l Rotwein	*€ 4,80*
½ l Mineralwasser	*€ 1,80*
Gesamtsumme	***€ 30,10***

Juli 2008

4 VON WELSCHNOFEN ZUM NIGERPASS

TECHNISCHE DETAILS

Wanderung
Schöne Wanderung durch Wald und Wiesen ohne besondere Schwierigkeiten (Gutes Schuhwerk wird empfohlen, da es über Schotterwege geht.)

Jahreszeit
Sommer bis Spätherbst, auch im Winter als Schneeschuhwanderung geeignet

Gehzeit
3 ½ Stunden

Höhenunterschied
400 m

Anfahrt
Von Bozen durch das Eggental nach Welschnofen, beim Informationsbüro geht es links hinauf zum Laurinlift.

Parken
Beim Hotel Rosengarten (Ein weiterer Parkplatz befindet sich gleich daneben beim Laurinlift.)

Die Rundwanderung führt durch den Welschnofener Wald zum Nigerpass, von wo man wohl den schönsten Ausblick auf den Rosengarten und den Latemar hat.

Route: Am Parkplatz des Hotels Rosengarten nimmt man den Weg 1 N und folgt der Beschilderung „Niger" durch das Nigertal hinauf zum Nigerpass. Der Weg ist nur am Anfang steil, oben geht er in einen flachen Waldweg über. Vom Nigerpass – hier hat man eine wunderbare Aussicht auf Latemar und Rosengarten – geht man links über den Forstweg fast eben zur Hagner Alm. Auch hier hat man eine herrliche Sicht auf die Dolomitengipfel. Der Abstieg nach Welschnofen erfolgt über die verkehrsfreie Almstraße. Am Ende der Schotterstraße biegt der Weg 40 links ab und bringt den Wanderer zum Hotel Rosengarten.

Varianten: Wer die Rundwanderung ausdehnen möchte, kann von der Hagner-Alm über den Schillerhof zum „Jocher" weiterwandern und von dort absteigen. Natürlich kann die Wanderung auch in umgekehrter Richtung angegangen werden. (Gehzeit: 4 ½ Stunden)

Der Rosengarten mit Karersee

GUTSCHEIN
im Wert von 6,00 €
auf Seite 187

Hotel-Restaurant Rosengarten
Welschnofen
Tel. 0039 0471 613262
www.hotelrosengarten.it
Öffnungszeiten: ganzjährig
Ruhetag: Montag

TOP, WEIL ...

der Wanderer mit einem der schönsten Ausblicke auf den Rosengarten und den Latemar belohnt wird und es Außergewöhnliches zum Verkosten gibt.

HOTEL-RESTAURANT ROSENGARTEN

Das Haus ist mit viel Holz eingerichtet und verspricht Tiroler Gastlichkeit. Das Motto des Küchenchefs: „Wir verwenden alles, was die Natur liefert", sprich Kräuter, Pilze, Blumen, Sprossen und Waldfrüchte. Die Bergkräuter und Wildsalate pflückt der Wirt in unmittelbarer Nähe des Restaurants selber. Außerdem hat er einen Kräutergarten mit 100 Kräutern angelegt, in dem auch sehr seltene Pflanzen aus der ganzen Welt wachsen, z. B. Japanischer Meerrettich und wilder Quendel (eine Art wilder Thymian).

Aus der Speisekarte: Aus der Küche kommen hausgemachte Nudelgerichte mit Kräuterfüllung und selbst gebackenes Brot. Ein besonderes „Schmankerl" ist die Südtiroler Version des Pesto alla Genovese, die mit Wildkräutern, Walnüssen und Schafskäse zubereitet wird. Auch die Bozner Soße zum Spargel wird hier anders gemacht, und zwar mit Brunnenkresse. Die Tiroler Gerichte werden von der Küche modern interpretiert. Ein Genuss sind Graukäsenocken, Spinatnocken mit Edelschimmelpilzkäse, Herz- oder Hasenroulade mit Kräuterfüllung, Kerbel-Karotten und Lauch-Bratkartoffeln. Der Topfenstrudel ist ausgezeichnet und lockt viele Feinschmecker an. Die Auswahl an Südtiroler Käsespezialitäten – vor allem von Bergbauernhöfen – ist riesig. Drei Weiß- und drei Rotweine werden glasweise ausgeschenkt.

UNSERE RECHNUNG

Graukäsenocken	*€ 7,00*
Spinatnocken mit Herz	*€ 7,50*
Hasenroulade mit zwei Beilagen	*€ 13,00*
Topfenstrudel mit Erdbeeren	*€ 2,50*
1 Glas Weißburgunder „Schreckbichl"	*€ 2,50*
1 Glas Blauburgunder „Niedermair"	*€ 2,50*
Gesamtsumme	***€ 35,00***

April 2008

5 DOLOMITENWANDERUNG AUF DEM HIRZELWEG

TECHNISCHE DETAILS

Wanderung
Leichte Dolomitenwanderung, gutes Schuhwerk ist nötig, weil der Hirzelweg teilweise felsig ist.

Jahreszeit
Frühsommer bis Spätherbst

Gehzeit
3 ½ Stunden (knapp 2 Stunden für den Hirzelweg und 1 ½ Stunden für den Abstieg)

Höhenunterschied
500 m im Abstieg

Anfahrt
Von Bozen durch das Eggental nach Welschnofen und von dort zum Karerpass

Parken
Beim Paolina-Sessellift

Die Tour auf dem Hirzelweg ist eine klassische Dolomiten-Wanderung.

Route: Die Wanderung beginnt am Karerpass bei der Talstation des Paolina-Sessellifts. Mit dem Sessellift geht es zur Bergstation, der Paolinahütte. Von hier folgt man dem Hirzelweg – Markierung 549 – Richtung Rosengartenhütte. Der Blick auf den Karersee und weiter über halb Südtirol begleitet den Wanderer auf dem gesamten Weg; die schroffen Felswände der Rosengartengruppe, unter denen der Steig verläuft, sind beeindruckend. Kurz vor dem letzten Aufstieg zur Rosengartenhütte (auch Kölner Hütte genannt) biegt man links auf den Steig 2 C, der durch Wiesen bis zum Gasthaus Jolanda führt. Für den Rückweg zum Karerpass folgt man Weg 1 C, der teilweise oberhalb der Straße verläuft. Bei den Liftanlagen überquert man die Straße und geht am Golfplatz vorbei zum Paolina-Sesselllift.

Der Latemar

GUTSCHEIN
im Wert von 7,00 €
und von 20,00 €
auf Seite 188

Alpengasthof Jolanda
Karersee/Welschnofen
Tel. 0039 0471 612246
www.jolanda.it
Öffnungszeiten: Weihnachten bis Ostern und Anfang Mai bis Anfang November
Kein Ruhetag

TOP, WEIL ...

die Wanderung auf dem Hirzelweg zu den schönsten Touren im Rosengartengebiet gehört und großartige Ausblicke bietet; außerdem kann man den Ausflug in einem gediegenen Gasthaus ausklingen lassen.

ALPENGASTHOF JOLANDA

Der Gasthof liegt, etwas oberhalb der Straße in ruhiger Lage, zwischen Karerpass und Nigerpass und verfügt über Gästezimmer und einen schönen Kinderspielplatz.
Gut sitzt man im holzgetäfelten Speisesaal, von der Terrasse aus hat man einen unvergleichlichen Ausblick auf die Dolomiten. Die Küche ist gut bürgerlich; Teigwaren und Kuchen sind hausgemacht. Der engagierte Koch bringt ausgefallene Speisen auf die Karte.

Aus der Speisekarte: Serviert werden hausgeräucherte Hühner- und Entenbrust oder Forellenfilet, Teigtaschen mit Brennnesseln oder Gutem Heinrich (wilder Spinat) gefüllt, aber auch Wildgerichte wie Wildhasenkeule, Reh- und Hirschgulasch mit Knödeln oder Schupfnudeln (Kartoffelnudeln) mit Butter.

UNSERE RECHNUNG

Gefüllte Teigtaschen	*€ 6,00*
Bauerngröstl mit Speckkrautsalat	*€ 11,50*
Buchweizentorte mit Sahne	*€ 3,50*
½ l Rotwein	*€ 4,00*
½ l Mineralwasser	*€ 1,80*
Gesamtsumme	*€ 26,80*

Juli 2008

6 WANDERUNG RUND UM DEN VÖLSER WEIHER

TECHNISCHE DETAILS

Wanderung
Leichte Wanderung

Jahreszeit
Ganzjährig

Gehzeit
2 ½–3 Stunden

Höhenunterschied
200 m

Anfahrt
Von Bozen fährt man durch das Eisacktal über Blumau bis Völs und weiter zum hotel st. anton.

Parken
Beim hotel st. anton

Die Wanderung führt zum schön gelegenen Bergsee Völser Weiher (1036 m) unterm Schlernmassiv und kann je nach Lust und Laune variiert werden.

Route: Das Auto lässt man am hotel st. anton (an der Straße von Völs nach Seis) stehen. Auf der anderen Straßenseite beginnt der Fahrweg zum Völser Weiher. Bei der ersten Kehre biegt man rechts auf den Weg „K", der eben zum Weg 1 führt. Auf diesem geht es dann leicht ansteigend über Obervöls bis zum Völser Weiher. Wenn man rechts um den See und später – leicht abwärts – auf Weg 2 durch den Wald geht, gelangt man wieder auf die Straße nach Seis. Von hier folgt man Weg „K", der erst neben, später unterhalb der Straße verläuft, bis zum hotel st. anton.
Variante: Man kann die Tour verkürzen, in dem man beim Völser Weiher zum Weg „K" absteigt, oder aber auch verlängern, in dem man auf dem Weg 2 über Salegg bis zur Umlaufbahn „Seiseralm" weitergeht und von dort mit dem Bus zum hotel st. anton (Bushaltestelle) zurückfährt.
Besonderheiten: Der Weg „K" führt direkt an der schön gelegenen Kirche St. Konstantin im gleichnamigen Weiler vorbei.

St. Konstantin mit Schlern

GUTSCHEIN
im Wert von 10,00 €
und von 20,00 €
auf Seite 188

hotel st. anton
Völs am Schlern
Tel. 0039 0471 725062
www.st-anton.it
Öffnungszeiten: Anfang Dezember bis Ostern und Anfang Mai bis Anfang November
Ruhetag: Montag

TOP, WEIL ...

eine gemütliche Wanderung zum Völser Weiher das ganze Jahr über schön ist und am Ende eine elegante Einkehr wartet.

HOTEL ST. ANTON

Das Hotel wurde erst kürzlich umgebaut und ist modern, mit viel Holz und in dezenten Farben gehalten.
Wanderer können sich auf der großen und schattigen Sonnenterrasse verwöhnen lassen. Das Restaurant beteiligt sich an diversen Spezialitätenwochen, z. B. an der „Völser Naturkost" im Juni, den „Strudel- und Knödelwochen" im September und am bekannten „Völser Kuchlkastl" im Oktober.

Aus der Speisekarte: Aus der Küche kommen Rindscarpaccio mit Rucola, Südtiroler Speckteller mit Kren (Meerrettich), Zucchinicremesuppe mit Knoblauchcroûtons, Tiroler Tris (Spinat-, Käse- und Steinpilznocken), Sardische Nudeln mit Schafskäse, hausgemachte gefüllte Kartoffelteigtaschen mit Ricotta und Almheu auf geschmolzenen Tomaten, Bachforellenfilet mit Mandelsplittern und Röstkartoffeln, Lammkotelett mit Kräutern und Buttergemüse, gegrillte Streifen vom Truthahn auf Blattsalaten, Tiroler Rindsgulasch mit Speckknödeln oder Südtiroler Käsevariation mit Feigenmousse.

UNSERE RECHNUNG

Hausgemachte Schlutzkrapfen mit Parmesan und Butter	*€ 7,50*
Rosa gebratenes Rindersteak mit Kräuterbutter und Röstkartoffeln	*€ 13,50*
Hausgemachter Tiramisú	*€ 4,90*
¼ l Lagrein	*€ 5,90*
½ l Mineralwasser	*€ 1,60*
Gesamtsumme	***€ 33,40***

Juli 2008

7 VOM VÖLSER WEIHER ZUM HOFER ALPL

TECHNISCHE DETAILS

Wanderung
Mittlere Tour ohne alpine Schwierigkeiten

Jahreszeit
Frühsommer bis Spätherbst

Gehzeit
3 Stunden (1 ½ Stunden bis zum Hofer Alpl, 1 ½ Stunden für den Abstieg)

Höhenunterschied
350 m

Anfahrt
Von Völs fährt man weiter nach St. Anton und rechts hinauf zum Völser Weiher.

Parken
Großer Parkplatz unterhalb des Bergsees

Die Rundwanderung unterhalb des Schlerns führt in eine sehr ruhige Almgegend und bietet einen herrlichen Ausblick.

Route: Das Auto parkt man auf dem Parkplatz unterhalb des Völser Weihers. Von hier geht es zu Fuß Richtung Weiher. An der Weggabelung nimmt man den breiten Weg 1, der zunächst zum Huber Weiher führt und dann rechts auf einem schönen Steig unter dem Schlern entlang läuft. Auf dem sogenannten „Tuff-Pflasterweg" geht der Almweg weiter zum Hofer Alpl. Dem Wanderer tut sich ein weites Panorama auf, das bis zum Ritten und weiter bis zum Ortler und zur Texelgruppe reicht. Der Abstieg auf Steig 3, Richtung „Ums", ist etwas steiler; bei der Beschilderung „Völser Weiher" biegt man rechts ab und kommt auf die Forststraße und dann weiter auf Weg 2 zum Völser Weiher.
Variante: Man kann an die Wanderung noch eine Umrundung des Völser Weihers anhängen, im Hochsommer kann man in diesem schönen Bergsee auch baden.

Schlernmassiv und Völser Weiher

GUTSCHEIN
im Wert von 4,00 €
und von 15,00 €
auf Seite 189

Hofer Alpl
Ums/Völs am Schlern
Tel. 0039 0471 725288
www.hoferalpl.it
Öffnungszeiten: Ostern bis Anfang November
Kein Ruhetag

TOP, WEIL ...

die Wanderung unterhalb des Schlerns auf eine ruhige Alm führt, von der aus man eine prächtige Aussicht genießen kann.

HOFER ALPL

Die Alm liegt direkt unterm Schlern, die Wirtschaft ist neu gebaut und rustikal eingerichtet. Auf Bestellung werden für Gruppen individuell gestaltete Menüs angeboten.
Das große Matratzenlager bietet Platz für zahlreiche Gäste. Sieben schöne rustikale Zimmer mit Dusche stehen ebenfalls zur Verfügung.
Sitzplätze gibt es nicht nur in der getäfelten Stube, sondern auch im Freien. Für müde und sonnenhungrige Wanderer steht eine Liegewiese bereit, für die Kinder gibt es einen Spielplatz und Haustiere zum Anfassen. Die Küche ist herzhaft bäuerlich, in guter Tiroler Tradition.

Aus der Speisekarte: Auf den Tisch kommen beispielsweise Käsenocken mit Butter und Parmesan; die „Alpljause" mit Speck, Kaminwurzen (luftgetrocknete Würste), Käse und Butter wird auf einem Brett serviert. Zum Dessert locken Apfelstrudel und Schokoladentorte.

UNSERE RECHNUNG

Käsenocken mit Parmesan	*€ 6,50*
„Alpljause"	*€ 9,00*
Kaiserschmarrn mit Preiselbeermarmelade	*€ 6,00*
½ l Rotwein	*€ 4,00*
½ l Mineralwasser	*€ 1,50*
Gesamtsumme	***€ 27,00***

Juli 2008

8 WANDERUNG ZUM BERGHAUS ZALLINGER

TECHNISCHE DETAILS

Wanderung
Lange Wanderung

Jahreszeit
Frühsommer bis Spätherbst

Gehzeit
3 ½–4 Stunden bis zum Zallinger und eine ¾ Stunde für den Abstieg bis Saltria

Höhenunterschied
150 m

Anfahrt
Von Seis kann man mit dem Auto (vor 9 Uhr) auf einer verkehrsbeschränkten Straße bis auf die Seiser Alm fahren. Bequemer bringt die Umlaufbahn von Seis den Wanderer auf die Alm.

Parken
Großer gebührenpflichtiger Parkplatz in Kompatsch

Die Wanderung über die Seiser Alm ist eine lange Tour, an deren Ende eine lohnende Einkehr wartet.

Route: Beim großen Parkplatz in Kompatsch lässt man das Auto stehen und geht – immer der Markierung 7 folgend – teils auf breiten Wegen, teils auf Wiesensteigen quer über die Seiser Alm bis zum Schutzhaus Molignon. Über den „Dialer" geht es auf einem neuen Weg weiter zum ausgeschilderten Berghaus Zallinger. Für den Abstieg wählt man Weg 7 a bis Saltria und fährt von dort mit dem Shuttle-Bus zurück nach Kompatsch – wer eine gute Kondition hat, kann den Weg zum Parkplatz auch noch zu Fuß zurücklegen.

Variante: Der Zugang von Gröden zur Hütte ist mit 1 ¾ Stunden wesentlich kürzer und ruhiger. Mit dem Auto oder Sessellift geht es von St. Christina zum Monte Pana und auf dem breiten (verkehrsfreien) Weg 3 Richtung Saltria. Hier biegt man links auf Steig 7, der durch Wald und Wiesen, mäßig ansteigend zum Zallinger führt. Auf demselben Weg retour.

Das Berghaus Zallinger

GUTSCHEIN
im Wert von 6,00 €
und von 30,00 €
auf Seite 189

auf Seite 189

Berghaus Zallinger
Seiser Alm
Tel. 0039 0471 727947
www.zallinger.com
Öffnungszeiten:
vom 15.12. bis 10.4.
und vom 1.6. bis 15.10.
Kein Ruhetag

TOP, WEIL ...

die Wanderung zum Berghaus Zallinger an einen der ruhigsten und schönsten Plätze auf der Seiser Alm führt.

BERGHAUS ZALLINGER

Das Berghaus Zallinger, zu dem auch eine Kapelle gehört, steht unterhalb des Plattkofel und hat eine lange Tradition; es wurde vollständig zeitgemäß und mit viel Geschmack renoviert.
Das Berghaus bietet Wanderern, die zum Beispiel den Langkofel umrunden oder eine große Almrunde machen wollen, Übernachtungsmöglichkeiten. Auf der Terrasse lässt es sich herrlich sitzen und die Aussicht genießen. Es gibt sogar einen Kinderspielplatz.

Aus der Speisekarte: Die Küche ist gut bürgerlich; das Fleisch kommt aus eigener Zucht. Serviert werden Speckknödelsuppe, Gerstsuppe, Gemüsesuppe, Spaghetti mit Knoblauch, Hirtenmakkaroni, Bandnudeln mit Hirschragout oder mit Steinpilzen, Rindsgulasch mit Knödeln, Schweineschnitzel vom Grill, Polenta mit allerlei Käse oder Pilzen, Preiselbeeromelett oder Kaiserschmarrn mit Preiselbeeren. Außerdem gibt es eine große Kuchenauswahl (eigene Nachmittagskarte) und eine eigene Kinderkarte.

UNSERE RECHNUNG

Rindfleisch sauer	*€ 10,00*
Polenta mit verschiedenen Käsesorten	*€ 10,00*
Nusstorte	*€ 3,50*
Naturjoghurt mit Blaubeeren	*€ 3,50*
½ l Rotwein (Vernatsch)	*€ 5,50*
½ l Mineralwasser	*€ 2,00*
Gesamtsumme	***€ 34,50***

Juli 2008

9 VON GRÖDEN ZUR SEISER ALM

TECHNISCHE DETAILS

Wanderung
Leichte Wanderung

Jahreszeit
Frühsommer bis Spätherbst

Gehzeit
2 Stunden (½ Stunde von der Bergstation zur Sanon-Hütte und 1 ½ Stunden für den Abstieg nach St. Ulrich)

Höhenunterschied
Ca. 700 m im Abstieg

Anfahrt
Von Bozen nach St. Ulrich in Gröden und dann rechts über den Bach zur Seilbahnstation

Parken
An der Talstation der Seilbahn Mont Seuc (Seiser Alm)

Die gemütliche Wanderung zur Sanonhütte ist vor allem von Ende Juni bis Mitte Julie ein Highlight, dann verwandelt sich die Seiser Alm in ein wahres Blütenmeer.

Route: Von St. Ulrich in Gröden fährt man mit der Seilbahn auf die Seiser Alm (2005 m). Von der Bergstation geht es auf dem breiten Weg 9 abwärts – links abbiegend – zur Sanonhütte. Für den Abstieg nach Gröden muss man auf demselben Weg zurück bis zum Hotel Sonne, wo der Weg 15 über den Pilathof hinunter zur Talstation der Seilbahn in St. Ulrich führt. Der Weg wurde teilweise neu trassiert und ist gut ausgebaut.

Variante: Wanderer mit guter Kondition können den Weg auch in umgekehrter Richtung gehen, also von St. Ulrich auf Weg 15 über den Pilathof zur Seiser Alm. (Gehzeit: gut 2 Stunden)

Eine andere Möglichkeit ist die Wanderung von Kompatsch (Parkplatz und Bergstation der Umlaufbahn von Seis) auf Weg 3 zur Sanonhütte.

Grödner Tal, Seiser Alm und Langkofelgruppe

GUTSCHEIN
im Wert von 5,00 €
auf Seite 190

Sanon-Hütte
Seiser Alm
Tel. 0039 0471 727002
www.sanon.it
Öffnungszeiten: 15. Dezember bis Ostern und 25. Mai bis Allerheiligen
Kein Ruhetag

TOP, WEIL ...

die Seiser Alm hier noch sehr urig, blumenreich und ruhig geblieben ist und die Sanonhütte das gemütlichste Plätzchen an diesem Ort ist.

SANON-HÜTTE

Die vollständig aus Holz gebaute „Sanon-Hütte" sieht noch immer aus wie vor 100 Jahren; sie ist wohl eine der urigsten auf der Seiser Alm.
Im Sommer wie im Winter sitzt man hier vor allem im Freien und kann so einen unvergleichlichen Blick auf die Langkofelgruppe genießen. Aber auch drinnen in den drei Stuben ist es urgemütlich. Die Küche ist südtirolerisch mit italienischem Einfluss; das Rindfleisch stammt aus eigener Zucht und der Wirt ist einfach ein Unikum.

Aus der Speisekarte: Auf den Tisch kommen hausgemachter Frischkäse mit Bergkräutern, verschiedene Knödel (mit Spinat, Käse, Speck, Ronen – rote Beete – Pilzen oder Leber), Rindsgulasch mit „Spatzln", Polenta mit Käse und Bratwurst (eine italienische Spezialität), aber auch Polenta mit Rehgulasch oder Pilzen. Die Wirtin steht selbst in der Küche und ihre Liebe gilt vor allem den Süßspeisen: „Rehrücken", Topfenstrudel, Buchweizentorte, Linzer Torte und Apfelstrudel.

UNSERE RECHNUNG

Gemischte Knödel	*€ 7,80*
Polenta mit Käse und Bratwurst	*€ 13,00*
„Rehrücken" mit Sahne	*€ 4,00*
Buchteln mit Vanillesoße	*€ 5,00*
¼ l Lagrein	*€ 7,50*
½ l Mineralwasser	*€ 2,00*
Gesamtsumme	***€ 39,30***

Juli 2008

10 RUNDWANDERUNG ÜBER DIE RASCHÖTZ

TECHNISCHE DETAILS

Wanderung
Leichte Bergtour, mit langem Abstieg

Jahreszeit
Sommer bis Frühherbst

Gehzeit
2 ½–3 Stunden

Höhenunterschied
700 m im Abstieg

Anfahrt
Von Bozen nach St. Ulrich und von dort zur Seceda-Seilbahn

Parken
Bei der Seilbahn oder beim Sessellift Raschötz

Die schöne Bergtour führt mit dem Sessellift auf die Raschötz, zu Fuß geht es über die Innerraschötz und durchs Annatal zurück.

Route: Die Wanderung beginnt in St. Ulrich in Gröden am Sessellift Raschötz (Parkmöglichkeit bei der Seceda-Bahn). Der Sessellift bringt den Wanderer bequem in die Höhe, an der Bergstation hat man bereits einen guten Rundblick über das ganze Grödnertal. Der breite Weg 35 führt über die Hänge der Innerraschötz, leicht ansteigend, bis zum Brogles Sattel (2120 m). Die Aussicht, speziell zu den Geislerspitzen und zum Felsabbruch der Seceda, ist auf diesem Wegstück sehr beeindruckend. Auf dem Sattel wechselt man auf den Weg 3, der rechts durch das Annatal wieder hinunter nach St. Ulrich führt. Der Weg verläuft zunächst über Almwiesen, dann durch lichten Wald bis zu den Höfen und Weilern des Annatales. Im unteren Teil trifft man auf die Zufahrtsstraße und geht diese ca. 100 m entlang. Dann biegt man links auf Weg 7 zum Restaurant Annatal und spaziert über einen schönen Weg zurück zur Talstation der Seceda-Bahn.

St. Ulrich, Sellagruppe und Langkofel

GUTSCHEIN
im Wert von 10,00 €
auf Seite 190

Café-Restaurant Annatal
St. Ulrich
Tel. 0039 0471 798643
www.annatal.it
Öffnungszeiten:
Weihnachten bis Ostern,
Juni bis Mitte Oktober
Kein Ruhetag

TOP, WEIL ...

die Wanderung über die Raschötz einen herrlichen Panoramablick auf die Dolomiten – zu Geisler, Seceda Sella und Langkofel – bietet.

CAFÉ-RESTAURANT ANNATAL

Das Restaurant liegt im Talgrund des Annatales, am Ende des Spazierweges von St. Ulrich; hier ist es angenehm ruhig und kühl.
Eine große Terrasse sowie zwei holzgetäfelte Stuben laden zum Verweilen ein. Für Kinder gibt es einen Kinderspielplatz, sogar eine Hütte mit Wickeltisch steht zur Verfügung. Für Erwachsene gibt es eine große Liegewiese und zur Erfrischung einen kleinen Strand am naheliegenden Bach.

Aus der Speisekarte: Auf der Speisenkarte stehen einfache Tiroler Gerichte und hausgemachte Kuchen, das „Annatal" ist auch ein bekanntes Ausflugscafé. Stärkung bieten Eierspeisen mit Speck, Polenta mit Käse, Pilzen oder Bratwurst sowie „Schweinsrippelen" (Spareribs) aus dem Ofen.

UNSERE RECHNUNG

Polenta mit Käse	*€ 8,80*
Eier mit Speck und Röstkartoffeln	*€ 8,90*
Kaiserschmarrn	*€ 8,90*
Apfelstrudel	*€ 3,00*
½ l Wein	*€ 5,00*
½ l Mineralwasser	*€ 2,00*
Gesamtsumme	***€ 36,60***

Juli 2008

TOP 10

PUSTERTAL, AHRNTAL & ALTA BADIA

Toblach mit Blick auf die Dolomiten

1 RUNDWANDERUNG NACH SPINGES

TECHNISCHE DETAILS

Wanderung
Leichte Aufstiegstour

Jahreszeit
Ganzjährig

Gehzeit
1 ½–2 Stunden

Höhenunterschied
300 m

Anfahrt
Von Brixen ins Pustertal bis Mühlbach, am Eingang zum Dorf geht es hinauf zum Ansitz Straßhof.

Parken
Beim Straßhof

Die Rundwanderung über Spinges startet beim Ansitz Straßhof und führt zu wunderschönen Kapellen und Aussichtspunkten.

Route: Beim Ansitz Straßhof (Parkmöglichkeiten) in Mühlbach beginnt die Wanderung. Am Gasthaus nimmt man den Waldweg 7 in Serpentinen aufwärts, man folgt immer den Schildern „Spinges". Der Steig führt zu den Höfen und über alte schattige Dorfwege zur Pfarrkirche, neben der eine sehr interessante Kapelle steht. An dieser Stelle ist der höchste Punkt der Wanderung erreicht und es geht auf Weg 9 (auch mit Schabs und Kaiserstein ausgeschildert) – einem sehr schönen alten Dorfweg – weiter, vorbei an einer Wegkapelle und am Sportplatz. Dann biegt man links, dem Schild „Mühlbach" folgend, auf einen Waldsteig, der die Straße abkürzt. Auf einem breiten Weg geht es zurück zum Ansitz Straßhof.
Besonderheit der Gegend: Neben der Pfarrkirche in Spinges steht die Heilig-Grab-Kapelle, die man besichtigen kann. Die Idee zu dieser Kapelle brachte der Dorfpfarrer im 17. Jahrhundert von seiner Pilgerreise nach Jerusalem mit.

Mühlbach am Eingang ins Pustertal

GUTSCHEIN
im Wert von 15,00 €
auf Seite 191

Wirtshaus/Trattoria
Ansitz Straßhof
Mühlbach
Tel. 0039 0472 886142
Öffnungszeiten: ganzjährig (geschlossen vom 15. Juni bis 15. Juli und vom 1. bis 30. November)
Ruhetag: Mittwoch

TOP, WEIL ...

die Wanderung über schöne alte Hofwege zu einer interessanten Kapelle führt und mit der Einkehr in einem alten Ansitz mit sardischen Spezialitäten endet.

WIRTSHAUS / TRATTORIA ANSITZ STRASSHOF

Das Gasthaus ist im alten Ansitz der Grafen Enzenberg untergebracht und liegt etwas oberhalb des Dorfes Mühlbach. Sitzen kann man in den getäfelten Stuben und auf der kleinen, aber sehr gemütlichen Terrasse. Das 500 Jahre alte Gemäuer beherbergt heute einen Restaurantbetrieb, der stets frischen Fisch und eine Speisekarte mit sardischen Spezialitäten hat. Alle Teigwaren sind hausgemacht: Brot, Grissini und Nudeln.

Aus der Speisekarte: Auf der Karte stehen sardische Culurgiones (Teigtaschen mit Schafkäse und Kartoffeln), Malloreddus (kleine Nudeln aus Weizenmehl), Rindstagliata mit Myrte, Pane Frattau (Fladenbrot mit Tomaten und Käse), gebackene Zucchiniblüten mit Mozzarella und Tomaten, Samtsüppchen von Saubohnen und Erbsen, gratinierte Cannelloni, Spinatrisotto, Ananastörtchen mit Mascarponecreme. Auf Bestellung Spanferkel im Ganzen gebraten mit Myrte für 15 Personen. Erlesene Hausweine sind der rote „Cannonau" und der weiße „Vermentino" aus Sardinien.

UNSERE RECHNUNG

Spargeltörtchen auf Käsefondue mit Kresse	*€ 9,50*
Malloreddus mit frischen Tomaten und Basilikum	*€ 9,50*
Rindstagliata mit Myrte und Rosmarinkartoffeln	*€ 17,50*
Sebadas (frittierte Schafskäse-Teigtaschen mit Honig)	*€ 6,00*
¼ l Hauswein	*€ 3,50*
½ l Mineralwasser	*€ 2,00*
Gesamtsumme	***€ 48,00***

Mai 2008

2 RADTOUR INS TAUFERER TAL

TECHNISCHE DETAILS

Fahrradtour
Leichte Radtour auf neu ausgebauten Wegen

Jahreszeit
Frühsommer bis Spätherbst

Fahrzeit
1 ½ Stunden bis Sand, 20 Min. bis zum Schloss

Höhenunterschied
Gering

Strecke
Ca. 16 km bis Sand

Anfahrt
Von Bruneck Richtung Ahrntal, 50 m nach dem Kreisverkehr rechts nach Stegen abbiegen

Parken
Beim Langgenhof

Die Radtour durch das Tauferer Tal, das von Bruneck bis Sand in Taufers reicht, führt auf dem wohl schönsten Fahrradweg des Pustertals bis zum Schloss Taufers.

Route: Die Tour beginnt in Stegen (Gemeinde Bruneck) beim Landhotel Langgenhof, wo man nicht nur parken, sondern auch Fahrräder ausleihen kann (für Hotel- und Restaurantgäste ist dieser Service kostenlos). Der gut ausgeschilderte Fahrradweg startet beim Hotel und führt abwechslungsreich durch das Tal bis nach Sand in Taufers. Durch den Ort radelt man Richtung Talschluss und nimmt dann, von Norden, die kurze Auffahrt zum Schloss Taufers. Auf derselben Strecke fährt man wieder nach Stegen zurück.

Variante: Im Sommer kann man statt zum Schloss auch zum Naturbadeteich radeln und sich dort mit einem Sprung ins kühle Nass erfrischen.

Besonderheit der Gegend: Die Burganlage hoch über Taufers ist die wohl imposanteste Südtirols. Besichtigt werden kann ein Großteil der Anlage: der Rittersaal, der Gerichtssaal nebst Richtstätte, die Folterkammer und das Gefängnis, die Bibliothek, die Waffenkammer und die Schlosskapelle.

Schloss Taufers, dahinter die Zillertaler Alpen

GUTSCHEIN
im Wert von 15,00 €
auf Seite 191

Hotel Restaurant
Langgenhof
Stegen bei Bruneck
Tel. 0039 0474 553154
www.langgenhof.com
Öffnungszeiten: ganzjährig
Ruhetag: Sonntag

TOP, WEIL ...

man bei einer Radtour ins Tauferer Tal das Natur- mit dem Kulturerlebnis kombinieren kann und auch die leiblichen Genüsse nicht zu kurz kommen.

HOTEL-RESTAURANT LANGGENHOF

Der geschmackvoll eingerichtete Familienbetrieb befindet sich in Stegen bei Bruneck. Die Gäste können sich in holzgetäfelten Stuben, einer Zirmstube, einer Ofenstube und im Wintergarten mit feiner Küche und einer großen Weinauswahl (250 Flaschen – regionaler, nationaler und internationaler Herkunft – lagern im Keller) verwöhnen lassen.

Aus der Speisekarte: Gekocht werden Pustertaler Spezialitäten: „Tirtlan" (in Öl ausgebackene Teigtaschen), Schlutzkrapfen mit Frischkäse und Spinat, Rindsfilet und Hirschfilet mit Pfifferlingen und Röstkartoffeln, die in der Gusspfanne serviert werden. Der Dessert-Renner ist der geeiste Kaiserschmarrn.
Alle Teigwaren sind hausgemacht und das Gemüse kommt aus dem eigenen Garten. Viele Qualitätsweine werden auch glasweise angeboten.

UNSERE RECHNUNG

Pustertaler Tirtlan	*€ 8,00*
Michael-Pacher-Pfandl	*€ 17,50*
Geeister Kaiserschmarrn	*€ 6,00*
2 Gläser Lagrein	*€ 7,00*
½ l Mineralwasser	*€ 1,80*
Gesamtsumme	***€ 40,30***

Juli 2008

3 ZUM BERGHOF KOFLER ZWISCHEN DEN WÄNDEN

TECHNISCHE DETAILS

Wanderung
Leichte Rundwanderung mit etwas steilem Aufstieg und leichtem Abstieg

Jahreszeit
Frühsommer bis Spätherbst

Gehzeit
Ca. 2 ¾ Stunden

Höhenunterschied
250 m

Anfahrt
Von Bruneck ins Tauferer Tal und weiter ins Reintal, dort Abzweigung nach Ahornach

Parken
Bei der Pfarrkirche in Ahornach

Vom sonnigen Bergdorf Ahornach, hoch über dem Tauferer Tal, führt die Wanderung zu herrlich gelegenen und schönen Bauernhöfen.

Route: Bei der Kirche in Ahornach (Parkmöglichkeit) startet man und geht gleich rechts auf einem breiten Weg – Beschilderung „Tobl" 6 B – leicht abwärts bis zum Hinweisschild „Zulechen". Hier führt der Steig, nun mit 6 A markiert, durch den schattigen Wald mäßig steil hinauf zum gleichnamigen Bauernhof. Nun folgt man der Höfestraße, erst eben und später leicht abwärts, zum Bergbauernhof Kofler zwischen den Wänden. Für den Rückweg nimmt man dieselbe Strecke, allerdings geht man die Höfestraße immer weiter, bis Weg 5 A – links die Straße kreuzend – auf die Markierung 10 trifft, die wieder zur Kirche führt.

Besonderheiten der Gegend: Von der Straße ins Reintal sind die Reinbach Wasserfälle gut ausgeschildert und in wenigen Minuten zu erreichen. Eine Sehenswürdigkeit, die man sich nicht entgehen lassen sollte.

Die Reinbach-Wasserfälle

GUTSCHEIN
im Wert von 5,00 €
und von 27,00 €
auf Seite 192

Hofschank Kofler zwischen den Wänden
Ahornach/Sand in Taufers
Tel. 0039 0474 691005
www.kofler-zd-waenden.com
Öffnungszeiten: Anfang März bis Ende Jänner
Kein Ruhetag

TOP, WEIL ...

Ahornach ein herrlich gelegenes Bergdorf ist und die Wanderung zu einem außergewöhnlichen Bauernhof führt.

HOFSCHANK KOFLER ZWISCHEN DEN WÄNDEN

Der mustergültig renovierte große Hof liegt einsam und sprichwörtlich zwischen den Wänden.
Der Bauernhof liegt abgeschieden, ist aber heute über eine gute Straße erreichbar. Früher gelangten die Bauern nur über einen gefährlichen Felsenweg zu ihrem Hof. Der beispielhafte Ausbau des Gehöfts und das Engagement des jungen Bergbauern wurde mit dem Bergbauernpreis ausgezeichnet. Platz gibt es in der getäfelten Stube, aber auch auf der sonnigen Terrasse.

Aus der Speisekarte: Die Pusterer Köstlichkeiten werden großteils mit Produkten vom eigenen Hof zubereitet. Jeden Tag steht ein anderes Gericht aus der traditionellen Tiroler Küche im Mittelpunkt. Gut sind Schlutzkrapfen, Erdäpfelblattlen mit Kraut, Graukäseknödel, Pressknödel, Graukäse mit Zwiebeln, Pusterer Tirtlan (in Öl ausgebackene Teigtaschen), Specknecklan mit Kraut, Speckplatte mit hauseigenem Speck und Kaminwurzen, Schnittlauchschmarrn, Omelette mit Preiselbeeren und Marillenknödel.

UNSERE RECHNUNG

Specknecklan mit Kraut	*€ 5,00*
Schlutzkrapfen	*€ 5,00*
Schnittlauchschmarrn mit Salat	*€ 5,00*
Topfenstrudel	*€ 2,50*
½ l Rotwein	*€ 4,00*
½ l Mineralwasser	*€ 1,50*
Gesamtsumme	***€ 23,00***

Juli 2008

4 VON BRUNECK ZUR LAMPRECHTSBURG

TECHNISCHE DETAILS

Wanderung
Leichte Wanderung

Jahreszeit
Ganzjährig

Gehzeit
Ca. 2 Stunden

Höhenunterschied
Gering

Anfahrt
Von Bozen durch das Pustertal nach Bruneck

Parken
In der Tiefgarage vom Hotel Post (bei einem Restaurantbesuch ist das Parken gratis)

Der weitläufige Spaziergang führt durch die Stadt Bruneck zur Lamprechtsburg; über den Naturlehrpfad und den Planetenweg geht es zurück in die Stadt.

Route: Beim Hotel Post im Zentrum von Bruneck (Parken in der Tiefgarage) beginnt der Spaziergang. Man geht über den Graben, dann durch die Stadtgasse und die verkehrsfreie Altstadt bis zur Pfarrkirche. Hier biegt man in die Sternbachstraße, die in den Lamprechtsburgweg übergeht, und folgt der Markierung 14 bis zur Lamprechtsburg, die auf einer Anhöhe außerhalb der Stadt steht. Nun nimmt man erst rechts den Weg 14, später 15. Von diesem Weg biegt der Naturlehrpfad 14 B ab und führt zu einer Panoramatafel. Dort beginnt der Planetenweg, der wieder ins Zentrum zurückführt.

Variante: Man kann auch zum Waldfriedhof (Kriegerfriedhof für die Gefallenen des Ersten Weltkriegs) und zum Schloss Bruneck spazieren. Über den Schlossweg kommt man wieder ins Stadtzentrum und durch die Stadtgasse zurück zum Ausgangspunkt.

Die Lamprechtsburg

GUTSCHEIN
im Wert von10,00 €
und von 25,00 €
auf Seite 192

auf Seite 192

Hotel-Restaurant Post
Bruneck
Tel. 0039 0474 555127
www.hotelpost-bruneck.com
Öffnungszeiten: ganzjährig
Ruhetag: Montag, außer August und Dezember

TOP, WEIL ...

der Spaziergang durch Bruneck dem Besucher neue Facetten der Stadt zeigt und die Post ihr Flair behalten hat.

HOTEL-RESTAURANT POST

Das traditionsreiche Haus am Hauptplatz hat noch immer das Flair des alten Posthotels, obwohl es völlig neu im zeitlosen klassischen Stil eingerichtet wurde. Kleiner, aber umso feiner sind die Räumlichkeiten, modernes und „altes" gekonnt miteinander kombiniert, strahlen eine ganz besondere Atmosphäre aus. Im gemütlichen Restaurant, in der hölzgetäfelten Stube oder im Sommer auf der Sonnenterasse kann man liebevoll zubereitete Gerichte der einheimischen und internationalen Küche genießen.

Aus der Speisekarte: Die regelmäßig wechselnde Speisekarte bietet eine große Auswahl an bodenständigen und internationalen Gerichten. Verschiedene Spezialitätenwochen wie z.B. Fischwoche, Spargelwoche, Wildwoche sowie besondere Themenabende wie der traditionelle Heringsschmaus oder die italienischen Sommerabende sorgen für kulinarische Abwechslung.
Neben zahlreichen hausgemachten Vorspeisen werden Gerichte wie Kalbsmilzschnitten, hausgemachte Schlutzkrapfen, Rehrücken oder geröstete Kalbsniere serviert. Abgerundet wird das Essen durch feine Desserts und Kuchen aus der hauseigenen Patisserie. Die Weinkarte bietet eine Auswahl an erlesenen Weinen aus Südtirol und Italien, auch glasweise zu genießen.

UNSERE RECHNUNG

Gerstsuppe mit Tirtlan	*€ 5,50*
Tartar vom heimischen Stier mit Kräutern, frischer Almbutter und Senfkern-Soße	*€ 10,00*
Gemischt Gekochtes mit SalsaVerde	*€ 17,00*
Kirschschmarrn mit Apfelmus	*€ 7,00*
2 Gläser Lagrein	*€ 5,60*
½ l Mineralwasser	*€ 2,00*
Gesamtsumme	***€ 47,10***

Juli 2008

5 VON GAIS NACH AMATEN

TECHNISCHE DETAILS

Wanderung
Leichte Rundwanderung durch schattigen Wald

Jahreszeit
Frühsommer bis Spätherbst

Gehzeit
2 ½ Stunden

Höhenunterschied
280 m

Anfahrt
Von Bruneck ins Tauferer Tal und dann nach Gais abbiegen

Parken
Zu Beginn des Forstweges ins Bärental

Die wenig bekannte Tour führt durch das Bärental zur versteckten Schlossruine Kehlburg und zu einem prächtigen Aussichtspunkt in Amaten.

Route: Die Tour beginnt im Bärental bei Gais (Parken bei der Schranke des Forstweges). Den breiten Weg entlang geht es ins Tal hinein. Bei der ersten Weggabelung folgt man links der Markierung 2, die auch mit „Tesselberg" ausgeschildert ist und durch den Wald bis zur Ruine Kehlburg führt. Hier geht man rechts auf dem Kehlburgweg, der mit „K" (weiß-rot) markiert ist, im steten Auf und Ab durch den Wald nach Amaten. Am Ende des Waldweges steht das Berggasthaus Amaten. Zurück geht es auf Weg 5 (direkt beim Gasthaus) über die Wiesen und durch den Wald zum Kehlburgbach, wo sich die Rundwanderung schließt.
Variante: Wer nur eine ganz kurze Tour machen will, fährt mit dem Auto von Percha nach Amaten zum Berggasthaus und wandert von dort auf dem mit „K" gekennzeichneten Weg zur Kehlburg. (Gehzeit: 1 ½ Stunden)

Die Kehlburg

GUTSCHEIN
im Wert von 25,00 €
auf Seite 193

Berggasthof Amaten
Amaten/Bruneck
Tel. 0039 0474 559 993
www.amaten.it
Öffnungszeiten: ganzjährig
Ruhetag: Dienstag, außer Juli bis September

TOP, WEIL ...

die schattige Waldwanderung fast ein Geheimtipp ist und der Gasthof in Amaten einen Logenplatz für den Blick ins Pustertal bietet.

BERGGASTHOF AMATEN

Vom prächtig gelegenen Berggasthof im Weiler Amaten (1260 m) hat man einen einmaligen Blick auf Bruneck und über das Pustertal.
Das traditionelle Gasthaus wurde renoviert und erweitert, der Hotelbetrieb bietet modernen Komfort. Drinnen gibt es einen Speisesaal und gemütliche getäfelte Stuben, draußen sitzt man auf einer Sonnenterrasse; die alte Hofkapelle wurde beim Umbau gut integriert.

Aus der Speisekarte: Die Küche verspricht Südtiroler Spezialitäten, aber auch Internationales. Auf der Karte stehen diverse Nudelgerichte, die saisonal mit Spargel, Kräutern oder Pilzen zubereitet werden. Außerdem Rehbraten mit Polenta, Grillspezialitäten, Schweinshaxe, Hirschmedaillons, hausgemachte Kuchen und Halbgefrorenes sowie verschiedene Eisbecher für den Nachmittag. Die Weinkarte verzeichnet auserlesene Südtiroler und italienische Weine.

UNSERE RECHNUNG

Knödel-Tris mit Sauerkraut	*€ 8,00*
Rehbraten mit Polenta und Gemüsegarnitur	*€ 16,00*
Halbgefrorenes auf Früchtespiegel	*€ 5,00*
2 Gläser Lagrein	*€ 5,00*
½ l Mineralwasser	*€ 1,60*
Gesamtsumme	***€ 35,60***

Juni 2008

6 HÖFEWEG NACH ST. LEONHARD

TECHNISCHE DETAILS

Wanderung
Mittelschwere, sonnige Tour

Jahreszeit
Sommer bis Spätherbst

Gehzeit
3 ½ Stunden

Höhenunterschied
440 m

Anfahrt
Durch das Gadertal nach La Villa

Parken
Am Ortseingang links beim Restaurant La Tor (im Hotel Dolomit b & b)

Die Wanderung führt an ladinischen Höfen und Viles (Gruppe von Höfen) vorbei nach St. Leonhard und zurück.

Route: In La Villa (Parkplatz beim Restaurant „La Tor") geht man auf dem Talweg, bis man auf Weg 13 (Beschilderung „La Crusc") trifft, der zum Höfeweg führt. Die Markierung 13 zweigt später rechts vom Höfeweg ab und führt – vorbei an Bergbauernhöfen – mehrmals die Straße querend durch lichten Wald in die Höhe. Nach der Jausenstation Pasciantadu nimmt man den Weg 7 A, der den Wanderer am See „Lech dla le" vorbei zur Bergstation des Sesselliftes bringt. Dort steigt man auf Weg 7 (Richtung St. Leonhard) ab. Man kann bereits beim ersten Höfeweg links zurückgehen oder vom Dorf aus – der Beschilderung „La Villa" folgend – auf dem unteren Höfeweg zurückwandern.
Variante: Man wandert wie oben beschrieben auf dem Höfeweg nach St. Leonhard, steigt dann zum Talweg ab und geht am Bach entlang zurück. (Gehzeit: 2 Stunden)

Der Heiligkreuzkofel über La Villa (Stern)

GUTSCHEIN
im Wert von 10,00 €
und von 30,00 €
auf Seite 193

Dolomit b & b
Restaurant La Tor
La Villa
Tel. 0039 0471 847120
www.dolomit.it
Öffnungszeiten: ganzjährig
Ruhetag: Mittwoch, außer in der Saison

TOP, WEIL ...

man bei dieser Tour auf dem Höfeweg ladinische Höfe und Dörfer sowie eine interessante Kulturlandschaft kennenlernt.

DOLOMIT B & B UND RESTAURANT LA TOR

Das Restaurant mit Pizzeria gehört zum Hotel Dolomit b & b, in dem man auch übernachten kann.
Das Hotel verfügt über individuell eingerichtete Zimmer, die den Gast mit verschiedenen Düften – von Pfefferminze über Orange bis zu Mocca und Kakao – überraschen. Das angrenzende Appartementhaus „La Sajun" ist ideal für Familienurlaube. Das Freibad wird mithilfe von Solarzellen beheizt, im Wald gibt es eine idyllische Sauna. Das Restaurant La Tor ist im modernen Alpenstil eingerichtet. Sitzen kann man in separaten Essnischen oder im Garten.

Aus der Speisekarte: Die Küche ist ladinisch und italienisch ausgerichtet. Alle Teigwaren sind hausgemacht. Die Speisekarte verzeichnet eine große Auswahl an Salaten, Vorspeisen und Grillspezialitäten, aber auch Pizza aus dem Ofen. Jeden Dienstag bzw. auf Anfrage gibt es eine „Cena Ladina", d. h. ein typisch ladinisches Abendessen.

UNSERE RECHNUNG

Menü „Cena Ladina" (Speckteller, ladinische Gerstensuppe mit Turtres, Spinatspatzln mit Schinken überbacken, Rehgoulasch, Schweinerippchen, Apfelküchel mit Vanillesauce)	*€ 27,00*
½ l Rotwein	*€ 5,50*
½ l Mineralwasser	*€ 1,70*
Gesamtsumme	*€ 34,20*

Juli 2008

7 WANDERUNG ZUM PIZ SOREGA

TECHNISCHE DETAILS

Wanderung
Ausgedehnte, aber leichte Bergwanderung auf breiten Wegen

Jahreszeit
Sommer bis Spätherbst

Gehzeit
3 ½–4 Stunden

Höhenunterschied
500 m

Anfahrt
Durch das Gadertal nach St. Kassian/Alta Badia

Parken
Bei der Talstation der Seilbahn Piz Sorega

Die herrliche Dolomitenrundwanderung führt von St. Kassian über die Pralongia zum Piz Sorega und wieder zurück.

Route: Die Wanderung beginnt in St. Kassian (Parkplatz an der Piz-Sorega-Seilbahn). Man folgt dem breiten Weg 22 in angenehmer Steigung zur „Malga Saragher" und weiter zu den Pralongia-Wiesen. Nun biegt man rechts auf den Panoramaweg 23 ab und geht zur Bioch-Hütte und auf dem Kamm zum Piz Sorega. Der schöne breite und baumfreie Kammweg bietet Ausblicke auf alle Dolomitengipfel in Alta Badia: Kreuzkofel, Lavarella, Fanes, Lagazuoi, Sella und Puez. Man sieht sogar den Col di Lana und die weiß schimmernde Marmolata im Süden. Der Abstieg zum Parkplatz erfolgt auf Weg 21 A (über Wiesen) oder 21 (durch den Wald und an der Rodelbahn entlang).

Variante: Man fährt mit der Seilbahn zum Piz Sorega und wandert von hier aus zur Bioch-Hütte und auf dem Panoramaweg zur „Malga Saragher". Auf Weg 22 geht es zurück zur Seilbahntalstation. (Gehzeit: 3 Stunden)

Der Lagazuoi und die Marmolada im Hintergrund

GUTSCHEIN
im Wert von 10,00 €
und von 30,00 €
auf Seite 194

Hotel-Restaurant Störes
St. Kassian in Alta Badia
Tel. 0039 0471 849486
www.hotelstores.it
Öffnungszeiten: ganzjährig
Kein Ruhetag

TOP, WEIL ...

man bei der Wanderung zum Piz Sorega die gesamte Bergwelt von Alta Badia erleben kann und die ladinische Küche eine Gaumenfreude ist.

HOTEL-RESTAURANT STÖRES

St. Kassian ist einer der schönsten Orte in Alta Badia. Das Hotel liegt 100 m von der Seilbahn Piz Sorega entfernt und wurde erst jüngst geschmackvoll renoviert.
Der Gast sitzt in einem getäfelten Speisesaal oder auf einer eleganten Terrasse. Die Küche bereitet nicht nur traditionelle Tiroler Gerichte, sondern auch Internationales zu. Jeden Donnerstag wird eine „Cena Ladina" (ein ladinisches Abendessen) mit typischen Gerichten aus Alta Badia angeboten. Alle Teigwaren sind hausgemacht, die Kuchen stammen aus der eigenen Patisserie.

Aus der Speisekarte: Serviert werden ladinische Spezialitäten, z. B. kalte Vorspeisen mit hausgeräuchertem Speck, ladinische Ravioli mit Spinat und Quark, Pappardelle mit Wildragout, Variationen vom Fleisch und Gemüse vom Buffet. Italienische Gerichte, wie Carne Salada und Salsicce, Saltimbocca alla Romana, und natürlich jede Menge Tiroler Gerichte, wie geräucherter Hirsch mit marinierten Steinpilzen, Kräuterpappardelle mit Pfifferlingen, runden das Angebot ab. Die Weinkarte verzeichnet eine große Auswahl an Südtiroler und italienischen Weinen, viele davon werden glasweise ausgeschenkt.

UNSERE RECHNUNG

Rindscarpaccio auf Salatbeet mit Parmesan	*€ 8,50*
Bandnudeln mit Steinpilzen	*€ 7,80*
Kalbswangen mit Polenta und Gemüse	*€ 13,90*
Warmes Schokoladentörtchen mit Joghurteis	*€ 6,40*
2 Gläser Lagrein	*€ 6,80*
½ l Mineralwasser	*€ 1,70*
Gesamtsumme	***€ 45,10***

Juli 2008

8 VON ST. KASSIAN ZUM HOSPIZ HEILIG KREUZ

TECHNISCHE DETAILS

Wanderung
Mittelschwere Wanderung

Jahreszeit
Sommer bis Spätherbst

Gehzeit
3 ½ Stunden

Höhenunterschied
450 m

Anfahrt
Durch das Gadertal nach St. Kassian, im Ortskern zweigt die Straße zum Apartmenthaus „Lüch da Pcei" ab.

Parken
Beim Apartmenthaus „Lüch da Pcei"

Die Wanderung führt von St. Kassian zum Wallfahrtsort Heilig Kreuz und über St. Leonhard nach Pedraces; unterwegs hat man einen wunderbaren Ausblick auf die Dolomiten.

Route: In St. Kassian (Parkmöglichkeiten beim Anwesen „Lüch da Pcei") geht man auf der bergseitig vorbeiführenden Straße nach Soplà. Der Weg nach Heilig Kreuz ist durchweg mit 15 („La Crusc") ausgeschildert. Zunächst führt der auch als „Lärchenweg" bezeichnete Weg über Wiesenhänge mäßig ansteigend zum Weiler Rüdeferia. Weiter geht es durch lichter werdende Lärchen- und Zirmwälder (Arven- oder Zirbelkieferwälder) zum Wallfahrtsort Heilig Kreuz, mit Kirche und Gasthaus. Der Ausblick lädt zum Verweilen ein: Die Gipfel von Sella, Puezgruppe, Peitlerkofel und Kreuzkofel scheinen zum Greifen nah. Der Weg 7 bringt den Wanderer nach St. Leonhard (auf dieser Strecke gibt es mehrere Einkehrmöglichkeiten). Von dort folgt man dem „Talweg" nach Pedraces und fährt mit dem Bus nach St. Kassian zurück. Wer sich den Abstieg erleichtern will, nimmt einfach den Sessellift.

Das Hospiz Heilig Kreuz

GUTSCHEIN
im Wert von 8,00 €
und von 30,00 €
auf Seite 194

Lüch da Pcei
St. Kassian in Alta Badia
Tel. 0039 0471 849286
www.luchdapcei.it
www.altabadialat.it
Öffnungszeiten: ganzjährig (FW), Dezember bis Ostern, Juni bis September (B&B), Hofladen (saisonal)
Kein Ruhetag

TOP, WEIL ...

die Höhenwanderung zum Hospiz Heilig Kreuz die schönste unter dem Kreuzkofel ist und man von der Wallfahrtskirche aus ein unvergleichliches Panorama genießen kann.

APARTMENTHAUS & BAUERNLADEN „LÜCH DA PCEI"

Oberhalb von St. Kassian steht, versteckt hinter dem Apartmenthaus, das alte Bauernhaus aus dem Jahre 1570.
Die Leidenschaft der Besitzer gilt dem Käse, aber sie verkaufen in ihrem Hofladen auch andere Erzeugnisse. Im elegant und mit viel Holz ausgestatteten Gästehaus kann man herrlich urlauben – schade, dass es auf der Holzterrasse nur Frühstück gibt.

Hofeigene Produkte: Verkauft werden Bergkäsesorten wie Conturines (würzig), Dolasilla (elegant und von feinlöcheriger Struktur), Gran Bracun (kräftig und pikant) oder Setsas (nussig, würzig). Neun Käsesorten gibt es als kleine Käselaibe zu kaufen, sehr interessant gewürzt mit Gewürztraminer, Lagrein oder Kräutern. Darüber hinaus werden sechs Sorten Chutney und 13 verschiedene Marmeladen angeboten, besonders hervorzuheben ist die Waldfruchtmarmelade. Bauernspeck und Honig runden die Palette ab.

UNSERE RECHNUNG

Conturines-Käse 200 g	*€ 3,70*
Val-Badia-Käse 300 g	*€ 4,56*
1 Glas Honig 500 g	*€ 5,50*
1 Glas Marmelade von einheimischen Früchten 340 g	*€ 5,50*
Gesamtsumme	***€ 19,26***

Juli 2008

9 RUNDWANDERUNG IN ALTA BADIA

TECHNISCHE DETAILS

Wanderung
Mittlere Tour ohne alpine Schwierigkeiten

Jahreszeit
Sommer bis Spätherbst

Gehzeit
2 ½–3 Stunden

Höhenunterschied
400 m

Anfahrt
Von Corvara (Alta Badia) fährt man Richtung Campolongo Pass.

Parken
Beim Golfplatz oder beim Sessellift neben dem Hotel Costes

Die baumlose Hochfläche zwischen Campolongo Pass und St. Kassian bietet viele Wandermöglichkeiten und ein herrliches Panorama auf die Sella-, Puez- und Kreuzkofelgruppe, ja sogar bis zur Marmolata. Die Rundwanderung führt über die Pralongia-Wiesen zu herrlichen Aussichtspunkten.

Route: Die Wanderung beginnt beim Golfplatz in Corvara (hier parken). Der breite Weg 24 führt links am Golfclub vorbei und geht, der Beschilderung „Pralongia" folgend, in die Höhe. Da es mehrere Wege gibt, die zur Höhenkuppe „Pralongia" (lange Wiese) führen, sollte man weniger auf die Nummerierung des Weges als auf die Zielbeschilderung achten. Auf der Höhenkuppe nimmt man den Weg 3 zur Hütte „Marmotta Incisa" am Sattel und geht auf derselben Markierung Richtung Campolongo-Pass. Der Weg führt am Waldrand entlang und man biegt dann rechts auf den Weg 26 ab. Durch den Wald kommt man, der Beschilderung „Planac" folgend, zurück zum Golfplatz.

Variante: Wer die Wanderung abkürzen will, der kann auch direkt zur Hütte „Marmotta Incisa" aufsteigen, der Weg ist ausgeschildert.

Die Conturines

GUTSCHEIN
im Wert von 7,00 €
und von 50,00 €
auf Seite 195

Hotel Costes
Corvara
Tel. 0039 0471 836220
www.costes.it
Öffnungszeiten:
Anfang Dezember bis Anfang April und Ende Juni bis Mitte September
Kein Ruhetag

TOP, WEIL ...

eine Wanderung über die Pralongia-Wiesen herrliche Ausblicke auf die Felsenkulisse der Dolomiten bietet.

HOTEL COSTES

Das Hotel Costes liegt direkt am Golfplatz, etwas außerhalb von Corvara. Draußen sitzt man auf einer großen Terrasse mit schönem Blick auf die Sellagruppe, drinnen im feinen, tirolerisch eingerichteten Speisesaal und in sehr schönen getäfelten Stuben.

Aus der Speisekarte: Die Küche bietet traditionelle Gerichte aus Südtirol und internationale Speisen. Das Gemüse und der Salat kommen aus dem eigenen Garten. Die große Weinkarte ist vorwiegend mit Südtiroler Weinen bestückt, von denen man auch viele glasweise bekommt. Serviert werden beispielsweise Tiroler Jause, Käseplatte mit Käse aus Badia, verschiedene Knödel- und feine Nudelgerichte sowie viele Speisen aus der internationalen und italienischen Küche.

UNSERE RECHNUNG

Tiroler Speckteller mit Kren (Meerrettich)	*€ 9,00*
Gemischte Käseplatte	*€ 9,00*
1 Flasche Rotwein (Kalterer See)	*€ 15,00*
½ l Mineralwasser	*€ 1,80*
Gesamtsumme	***€ 34,80***

Juli 2008

10 DER KOLFUSCHGER HÖHENWEG

TECHNISCHE DETAILS

Wanderung
Mittlere Tour mit alpinem Charakter

Jahreszeit
Sommer bis Spätherbst

Gehzeit
2 ¾ Stunden

Höhenunterschied
490 m im Abstieg

Anfahrt
Durch das Gadertal nach Kolfuschg oder über Gröden zum Grödner Joch

Parken
In Kolfuschg (im Ortsteil Pecei, Parkplatz beim Wegschild 650) oder am Grödner Joch

Die alpine Tour führt auf einem leichten Höhenweg mit alpinem Charakter vom Grödner Joch ins Edelweißtal nach Kolfuschg und lässt sich gut mit öffentlichen Verkehrsmitteln kombinieren.

Route: Von Kolfuschg (Ortsteil Pecei, hier auch Parkplatz) geht man auf Weg 650 zur Umlaufbahn, die auch im Sommer auf das Grödnerjoch führt, oder man fährt direkt mit dem Auto bis auf das Joch. Von hier wandert man auf Weg 8 A abwärts zum Höhenweg Kolfuschg. Der Weg führt fast eben über Bergwiesen und durch Wald zur Hütte Forcelles, wo der eigentliche Höhenweg beginnt, ein guter Steig mit beeindruckenden Ausblicken auf die Felswände der Sellagruppe. Nun läuft man immer auf derselben Markierung ins Edelweißtal und weiter nach Kolfuschg. Bei der ersten Häusergruppe geht es rechts zum Jägerhof (Bushaltestelle, für alle, die mit öffentlichen Verkehrsmitteln nach Kolfuschg zurückfahren wollen) oder weiter auf der Straße bis zum Ortsteil Pecei.

Variante: Auf dem oben erwähnten Weg 650 kann man durchs Tal bis zum Wasserfall gehen und anschließend auf dem Wasserfallweg nach Pecei zurück. (Gehzeit: eine ¾ Stunde)

Der gewaltige Sellastock

GUTSCHEIN
im Wert von 10,0 €
und von 20,00 €
auf Seite 195

Hotel-Restaurant Jägerhof
Kolfuschg
Tel. 0039 0471 836123
www.hoteljaegerhof.net
Öffnungszeiten:
Anfang Dezember bis Ostern und Mitte Juni bis Ende September
Kein Ruhetag

TOP, WEIL ...

der Kolfuschger Höhenweg einer der schönsten in Alta Badia ist und man sich mit der Seilbahn bequem in die Höhe bringen lassen kann.

HOTEL-RESTAURANT JÄGERHOF

Der Jägerhof hat den Charme eines urigen und gemütlichen ladinischen Landgasthauses. Sitzen kann man im Speisesaal und in einer holzgetäfelten Stube, aber besonders schön ist es auf der Terrasse, wo man beim Essen einen herrlichen Blick auf die Sellagruppe hat. Die Küche verwendet Produkte aus Südtirol, Salat und Kräuter kommen aus dem eigenen Garten. Im Angebot sind auch mediterrane italienische Gerichte. Die vielen Teigwaren sind hausgemacht, die Käseauswahl ist sehr groß. Auf der umfangreichen Weinkarte stehen sage und schreibe 25 verschiedene „Lagrein" aus Südtirol, die zum Teil auch glasweise ausgeschenkt werden.

Aus der Speisekarte: Abends kann man sich mit einem ladinischen Menü verwöhnen lassen, auf Vorbestellung. Gams- und Rehbraten auch auf Bestellung. Außerdem gibt es immer einige Wildspezialitäten auf der Karte, die jeden Monat neu gestaltet wird. Als Nachtisch gibt es einen Apfelstrudel nach Großmutters Rezept.

UNSERE RECHNUNG

Gerstsuppe mit Spinatturtres (in Öl ausgebackene Teigtaschen)	*€ 7,00*
Käseknödel mit Krautsalat	*€ 8,50*
Hirschkotelett auf Steinpilz-Kartoffel-Gröstl	*€ 19,00*
Kaffee-Mousse fein garniert	*€ 4,50*
½ l Rotwein (Lagrein)	*€ 8,00*
½ l Mineralwasser	*€ 2,00*
Gesamtsumme	**€ 49,00**

Juli 2008

Bäuerin beim Brotbacken

TOP 10 KULINARISCHE HIGHLIGHTS

1 KÄSEFESTIVAL IM TAUFERER AHRNTAL

TECHNISCHE DETAILS

Anfahrt
Von Bruneck fährt man ins Tauferer Ahrntal bis nach Sand in Taufers (Parkmöglichkeiten und Festival sind gut ausgeschildert.).

Das Programm: Wem Käse am Herzen liegt, der sollte zu einer der größten Käseveranstaltungen Italiens kommen. Im Tauferer Ahrntal, in dem es fast genauso viele Rinder gibt wie Einwohner, hat auch der Käse seinen festen Platz – und das schon seit Jahrhunderten. Eine besondere Spezialität ist der Ahrntaler Graukäse, von dem es in dieser Gegend zahlreiche Sorten gibt. Einer bekam von der Bewegung „Slow Food" sogar den Titel „presidio" verliehen. Eine Auszeichnung, mit der sich in ganz Italien nur 42 Käse schmücken können. Aber auch wer keinen Graukäse mag, hat hier die Qual der Wahl, denn auf dem Käsefestival sind alle Käsesorten der Südtiroler Hofkäsereien und Sennereien vertreten. Das Programm reicht vom Käsemarkt über die Vergleichsverkostungen der Fachjury und des Publikums (mit Prämierungen) bis zum Schaukochen mit Käse, das vom Südtiroler Köcheverband organisiert wird. Wer sein Wissen über den Käse erweitern will, der kann an einer geführten Verkostung (organisiert von Slow Food Italia) teilnehmen. Auf dem Markt werden darü-

Ahrntaler Graukäse, im Hintergrund der Ansitz Neumelans

Käsespezialitäten aus dem Ahrntal

TOP, WEIL ...

das Käsefestival ein einmaliges Event im Alpenraum ist, das sich Käseliebhaber nicht entgehen lassen sollten; kann man hier doch mehr als Käse kaufen.

ber hinaus noch viele andere Südtiroler Qualitätsprodukte (erkennbar am Gütesiegel) angeboten. Die örtliche Gastronomie beteiligt sich ebenfalls am Käsefestival: Verschiedene Gastbetriebe bieten Gerichte rund um den Käse an.

Wo findet es statt: In Sand in Taufers; die Stände der verschiedenen Produzenten und der Markt sind im großen Festzelt untergebracht. Die Veranstaltungen rund um den Käse finden im „Tubris Zentrum" statt.

Wann findet die Veranstaltung statt: Das Käsefestival findet in allen „geraden" Jahren statt, und zwar immer am zweiten Wochenende im März (Freitag bis Sonntag, 10 bis 18 Uhr).

Wo und wie reservieren: Der Eintritt zum Festival ist frei, zu den Vergleichsverkostungen muss man sich anmelden (Adressen unter „Information & Anmeldung).

Aktivitäten: Ein Besuch in Sand in Taufers lässt sich auch gut mit einer Fahrradtour (von Bruneck aus) oder einer Höfewanderung (von Luttach aus) verbinden.

Information & Anmeldung: Tourismusverein Taufers, Tel. 0039 0474 678076 oder auf der Internetseite www.kaesefestival.com bzw. www.taufers.com

TIPP

Despar Market Pircher

Im Despar Market Pircher im Tubriszentrum werden mindestens 132 verschiedene Sorten Käse angeboten. Das Geschäft wurde wiederholt von Slow Food als „locale del buon formaggio" ausgezeichnet.

Tubriszentrum Sand in Taufers
I-39032 Sand in Taufers
Tel. 0039 0474 678495

2 LÖWENZAHNWOCHEN & LAMMWOCHEN

TECHNISCHE DETAILS

Anfahrt
Von Meran fährt man Richtung Lana; über den Gampenpass erreicht man die Dörfer St. Felix und Unsere Liebe Frau im Walde, über das Castrinjoch im Ultental Proveis und Laurein. Die Zufahrt ins Ultental erfolgt von Lana aus. Von Bozen aus kommt man über den Mendelpass nach Deutschnonsberg.

Das Programm: Auf dem Deutschnonsberg mit seinen verschwiegenen Orten und im Ultental kann man herrlich wandern, vor allem im Frühling und im Herbst, wenn dort die Spezialitätenwochen stattfinden. Die beiden Gebiete eint eine Initiative zur Förderung des einheimischen Qualitätsfleisches, das unter LAUGEN.Rind in den Handel kommt, in der Gastronomie eingesetzt wird, und von Vollmilchkälbern, Rindern und Ochsen aus heimischer Zucht stammt.

Der Deutschnonsberg steht ganz im Zeichen des Löwenzahns: dieser gedeiht auf den naturbelassenen Böden in der Höhenlage des Nonsberges sehr gut. Seine gesundheitsfördernde Wirkung ist allgemein bekannt: Niere und Leber werden zu besonderer Aktivität angeregt – ideal für Entschlackungskuren. Die gastronomischen Löwenzahnwochen sind aber keine Kur- oder Diättage, sondern versprechen neben Gaumenfreuden auch ein reichhaltiges Rahmenprogramm, z. B. das Löwenzahnfest, bei dem alle Sinne auf ihre Kosten kommen.

Bei den Lammwochen im Ultental dreht sich alles um die einheimischen Lämmer und Schafe. Die teilnehmenden Gastbetriebe bieten den Besuchern köstliche Fleischgerichte an. Gleichzeitig findet in Kuppelwies der „Kuppelwieser Markt" statt, auf dem Produkte aus dem Tal verkauft werden. Auch hier gibt es ein Rahmenprogramm. Besonders hervorzuhe-

Spezialität vom „LAUGEN.Rind"

Der gesunde Löwenzahn

TOP, WEIL ...

der Deutschnonsberg immer noch ein Geheimtipp ist, der im Frühjahr mit den Löwenzahnwochen aufwartet, und der Ultner Herbst herrliche Lammwochen beschert.

ben sind die geführten Wanderungen zu Ultner Bauernhöfen, auf denen man viele interessante Dinge erfährt.

Wo findet es statt: Die Löwenzahnwochen finden auf dem Deutschnonsberg statt, und zwar in Unsere liebe Frau im Walde (Wallfahrtsort), St. Felix und Proveis. An den Lammwochen im Ultental beteiligen sich Gastbetriebe in St. Pankraz, St. Walburg, St. Nikolaus und St. Gertraud.

Wann findet die Veranstaltung statt: Die Löwenzahnwochen am Deutschnonsberg finden von Mitte April bis Anfang Mai statt. Die Ultner Lammwochen finden von September bis Oktober statt.

Wo und wie reservieren: Eine Reservierung ist nicht unbedingt nötig. Informationen kann man telefonisch oder per e-mail bekommen.

Information & Anmeldung:
Löwenzahnwochen: Tourismusbüro Deutschnonsberg
Tel. 0039 0463 530088 oder auf der
Internetseite www.ultental-deutschnonsberg.info bzw. unter
e-mail: info@deutschnonsberg.it
Lammwochen: Tourismusverein Ultental/Proveis
Tel. 0039 0473 795387 oder auf der
Internetseite www.ultental-deutschnonsberg.info bzw. unter
e-mail: info@ultental.it

3 SPARGELWOCHEN IN TERLAN

TECHNISCHE DETAILS

Anfahrt
Terlan, Vilpian und Siebeneich erreicht man über die „MEBO", die Schnellstraße zwischen Meran und Bozen, oder die Staatsstraße.

Das Programm: Der Terlaner Spargel war schon immer berühmt und heiß begehrt; selbst die Bozner Bürger pilgerten zum Spargelessen in den Weinort. Ob die dazu passende Bozner Sauce von den Wirten oder von den Gästen kreiert wurde, ist heute nicht mehr festzustellen. Gewiss ist aber, dass der Wein aus Terlan schon immer vorzüglich zum Spargel passte. Und nicht nur der Spargelwein – für den eigens ein Sauvignon abgefüllt wird –, sondern auch ein Terlaner Weißburgunder schmeckt hervorragend zum „königlichen Gemüse". Seit rund zwölf Jahren wird in Terlan wieder Spar-

Edler Sauvignon-Tropfen mit Spargelgemüse

gel angebaut, der unter dem Qualitätsnamen „Margarete" auf den Markt kommt. Besonderes Augenmerk wird auf die Frische des Gemüses gelegt, das bereits zwei Stunden nach der Ernte an die Geschäfte oder an die Gastbetriebe ausgeliefert werden muss. Zu den klassischen Gerichten gehören Stangenspargel mit Bozner Sauce und geräuchertem Schinken, aber auch raffinierte neue Kombinationen sind ein Genuss, z. B. in Verbindung mit Bandnudeln, Risotto, Fleisch oder Fisch.
Ein besonderes Schmankerl ist eine Spargelwanderung, die vom Tourismusverein organisiert wird. Nach einem Aperitif gibt es Kunst in der Pfarrkirche und nach einem Spargelsüppchen geht es zu Fuß auf die Spargelfelder, wo man viel Wissenswertes über den Anbau des Edelgemüses erfährt. Nach einem feinen Spargelmenü fährt man mit dem Zug zurück nach Terlan und beendet den Ausflug in der Kellerei mit einer Weißweinverkostung.

Wo findet es statt: Rund ein Dutzend Gastbetriebe in Terlan, Vilpian und Siebeneich (sie gehörten zum sogenannten „Terlaner Spargeldreieck") bieten im Rahmen der Spargelwochen spezielle Spargelgerichte und Spargelmenüs an.

Wann findet die Veranstaltung statt: Die Spargelwochen finden jedes Jahr im April und Mai statt.

Wo und wie reservieren: Eine Reservierung in den Restaurants und Gasthäusern ist, besonders abends, sehr zu empfehlen. Über das Rahmenprogramm und die teilnehmenden Gastbetriebe informiert sogar eine eigene „Spargelzeitung", aber auch das Internet.

Information & Anmeldung: Tourismusverein Terlan
Tel. 0039 0471 257165 und auf der Internetseite
www.terlan.info bzw. unter e-mail: info@terlan.info

TOP, WEIL ...

man im April und Mai in zahlreichen Gastbetrieben im „Terlaner Spargeldreieck" mit köstlichen Spargelkreationen verwöhnt wird.

TIPP

Arbeitsgemeinschaft Spargelbau Terlan

Direktverkauf des original Terlaner Spargels „Margarete" in der Kellerei Terlan von Ende März bis Ende Mai.

Kellerei Terlan
Silberleitenweg 7
I- 39018 Terlan
Tel. 0039 0471 25 64 00
www.kellerei-terlan.com

TIPP

Kellerei Terlan

Langlebigkeit, Vielschichtigkeit und Charakter – die wesentlichen Qualitätsmerkmale unserer Weine.

Silberleitenweg 7
I-39018 Terlan
Tel. 0039 0471 25 71 35
www.kellerei-terlan.com

4 DAS SPECKFEST IN BOZEN

TECHNISCHE DETAILS

Anfahrt
Bozen ist mit dem Auto, aber auch mit öffentlichen Verkehrsmitteln sehr gut zu erreichen; wer mit dem Auto anreist, wird frühzeitig auf Parkmöglichkeiten hingewiesen.

Das Programm: Der Protagonist dieses Festes ist unschwer zu erraten: Es ist der Südtiroler Speck ggA – die Südtiroler Spezialität schlecht hin. Nach alten Rezepten gepökelt, sanft geräuchert, gut getrocknet und lange gelagert, verwandeln sich die edelsten Teile des Schweins in jene Köstlichkeit, die bei keiner Südtiroler Marende (Brotzeit oder Jause) fehlen darf. Das „Consortium Südtiroler Speck" hat die Speckherstellung genauestens geregelt und kontrolliert streng die Einhaltung der Richtlinien. Südtiroler Speck ggA ist ein leicht geräucherter Rohschinken, der mindestens 22 Wochen gereift ist. Außergewöhnlich im Geschmack und unverkennbar im Aussehen, verdankt der Speck seine Einzigartigkeit der traditionellen Herstellungsmethode. Diese wurde seit jeher vom Vater an den Sohn weitergegeben und ist seit 1992 von der Europäischen Union geschützt. Der Speck wird dabei nur leicht geräuchert, wobei der Rauch nicht wärmer als 20 Grad Celsius sein darf. Der Salzgehalt darf fünf Prozent nicht

Der Waltherplatz in Bozen

Musikkapelle

TOP, WEIL ...

man auf dem Speckfest die besten Produkte zum Verkosten und Kaufen bekommt und mit viel Musik unterhalten wird.

übersteigen. Schlussendlich wird in die Speckhamme die Marke „Südtiroler Speck ggA" eingebrannt, wenn alle Bestimmungen eingehalten wurden. Diese Brandmarkierung garantiert somit die Gewähr für seine traditionelle Herstellung, Herkunft und die vollkommene Rückverfolgbarkeit.
So, wie der Südtiroler Speck ggA ein Erfolg ist, so ist es auch das „Speckfest", das seit nunmehr zehn Jahren in Bozen abgehalten wird. Der Waltherplatz steht vier Tage lang ganz im Zeichen des Specks. Doch nicht nur der leibliche Genuss steht an erster Stelle. Eine Vielzahl von Musikkapellen und Tanzgruppen vermitteln einen Einblick in das Brauchtum und die Tradition Südtirols. Die Veranstalter lassen sich jedes Jahr wieder etwas Neues einfallen.

Wo findet es statt: Mitten in der Bozner Altstadt, und zwar auf dem Waltherplatz.

Wo und wie reservieren: Die Stände sind frei zugänglich.

Information & Anmeldung: Alles Wissenswerte
rund um das Speckfest erfährt man im Verkehrsamt Bozen,
Tel. 0039 0471 307000 und auf der Internetseite
www.speckfest.it bzw. unter e-mail: info@speck.it

5 KULINARISCHES STERZING

TECHNISCHE DETAILS

Anfahrt
Sterzing ist Hauptort des Südtiroler Wipptales, hat eine eigene Autobahnausfahrt und ist auch mit dem Zug und Bus bestens zu erreichen.

Das Programm: Die Fuggerstadt im Wipptal, wie sie auch genannt wird, hat stets viel im Programm, vor allem wenn es ums Essen geht. Bei der „Eisacktaler Kost" z.B., einer Spezialitätenwoche im Frühling beteiligen sich viele Gastbetriebe in Sterzing. Die „Jogurt Tage" im Sommer sind nicht nur der Milch und dem Jogurt gewidmet, es gibt Kräuterwanderungen und Besuche bei den Bauernhöfen, sowie geführte Besichtigungen des Sterzinger-Milchhofes. Die „Laternenfeste" im Juli und August werden als stimmungsvolle Abende gefeiert und die Gasthäuser bieten besondere Schmankerln an. Das Knödelfest im September ist einmalig in Südtirol, in der Fußgängerzone wird ein 300 Meter langer Tisch aufgestellt, wo es 25 verschiedene Knödel, wie Speck- und Fastenknödel und süße und saure Knödel zu verkosten gibt. Auch die Shopping-Initiativen „Frühling in Sterzing" und „Roter Teppich" haben mit gastronomischen Angeboten zu tun, die zu einem Besuch der Stadt und natürlich zum Einkaufen animieren sollen.

Wo findet es statt: Die Eisacktaler Kost, sowie das Laternenfest finden in den einzelnen Betrieben statt. Das Rahmenpro-

Galaabend im Juli

gramm und das Knödelfest in der Fußgängerzone der Altstadt. Ende März und April verwandelt sich Sterzing in eine schön geschmückte Frühlingsstadt.

TOP, WEIL ...

Sterzing eine liebevolle Stadt ist, die viel für ihre Gäste und Bewohner macht und auch sonst immer einen Besuch wert ist.

Wann findet die Veranstaltung statt: Die Eisacktaler Kost im Frühling, die Jogurttage im Juli, das Laternenfest jeweils mittwochs von Mitte Juli bis Mitte August, das Knödelfest immer am zweiten Sonntag im September, der „Rote Teppich" von Mitte September bis Mitte Oktober an vier Samstagen.

Wo und wie reservieren: Die Festveranstaltungen sind frei zugänglich, bei den Spezialitäten Tagen sollte man abends in den Betrieben reservieren. Die teilnehmenden Gastbetriebe sind bei den Info Adressen zu erfahren.

Was muss man sehen: Die Pfarrkirche von Sterzing ist eines der größten Gotteshäuser in Tirol, das vorbildlich restaurierte Deutschorden Haus gleich daneben birgt einen besonderen Schatz, den „Multscher Altar", eine Top Sehenswürdigkeit.

Information & Anmeldung: Tourismusverein Sterzing,
Tel. 0039 0472 765325 und auf der Internetseite
www.sterzing.com bzw. unter e-mail: info@infosterzing.com

Die Sterzinger Fußgängerzone

6 WEINWOCHEN – DIE „NACHT DER KELLER"

Das Programm: Die 15 Weinbaugemeinden entlang der Südtiroler Weinstraße, die von Nals bis Salurn reicht, laden einen ganzen Monat lang zum Weinfest ein. Jeder Ort stellt dabei seine Weine vor und bietet eigene Veranstaltungen an. Den krönenden Abschluss bildet die „Nacht der Keller", die in allen Orten gleichzeitig stattfindet. Zahlreiche Kellereien – die Kellereien der Genossenschaften, private Kellereien oder die selbst vermarktenden Weinbauern – öffnen eine Nacht lang ihre Keller und vermitteln dem Interessierten einen Einblick in die Kunst des Weinmachens. Außerdem können die Besucher die Weine zum Selbstkostenpreis verkosten. Darüber hinaus gibt es auch verschiedene begleitende Veranstaltungen, z. B. Bozner Weinkost, ein Sektfrühstück, Weinseminare und Verkostungen (u. a. auch Vergleichsverkostungen von Lagrein) oder spezielle Weintage (beispielsweise zu Gewürztraminer, Blauburgunder und Vernatsch). Ein Shuttlebus bringt die Besucher von einem Ort zum nächsten.

TECHNISCHE DETAILS

Anfahrt
Die Südtiroler Weinstraße geht von Nals bis Salurn. An ihr liegen auch die Orte Andrian, Terlan, Bozen, Eppan, Kaltern, Tramin, Kurtatsch, Kurtinig, Margreid, Neumarkt, Montan, Auer und Pfatten.

TIPP

Weinlehrpfad Kurtatsch

Auf dem Weg durch das „Kurtatscher Rebenleben" verfolgt man alle wichtigen Ereignisse im Weinbaujahr und kann sogar Duftnoten von verschiedenen Weinen erschnuppern.

Tourismusverein
Südtiroler Unterland
H.-Schweiggl-Platz 8
I-39040 Kurtatsch an der Weinstraße
Tel. 0039 0471 880100
www.suedtiroler-unterland.it

Kalterer See und Weinreben

Weinverkostung mit kulinarischen Schmankerln

Wo finden sie statt: In den Orten entlang der Südtiroler Weinstraße, und zwar in Nals, Andrian, Terlan, Bozen, Eppan, Kaltern, Tramin, Kurtatsch, Kurtinig, Margreid, Salurn, Neumarkt, Montan, Auer und Pfatten.

Wann findet die Veranstaltung statt: Die Weinwochen finden einen ganzen Monat von Mitte Mai bis Mitte Juni statt, am letzten Tag ist die „Nacht der Keller".

Wo und wie reservieren: Informationen über das Programm bekommt man im Internet.

Information & Anmeldung: Tourismusbüros der einzelnen Orte, auf der Internetseite: www.suedtiroler-weinstrasse.it bzw. unter e-mail: info@suedtiroler-weinstrasse.it

SÜDTIROLER
WEINSTRASSENWOCHEN
vino in festa

TOP, WEIL ...

die Weinwochen ein Fest des Weins, der Gastronomie und der Kultur sind und man in der „Nacht der Keller" die geheimen Orte des Weinmachens besichtigen kann.

TIPP

Südtiroler Weinmuseum
Museo provinciale del vino

Im Museum erlebt man einen Gang durch die Kulturgeschichte des Weines. Geräte des Südtiroler Weinbaues sind ebenfalls ausgestellt. Auf Bestellung finden Weinverkostungen statt.

*Öffnungszeiten: von 1. April bis 11. November, Di–Sa von 10 bis 17 Uhr
Sonn- und Feiertage: von 10 bis 12 Uhr; Montag geschlossen, 1. November geschlossen*

Führungen: nur nach Anmeldung, Dauer: ca. 1 Stunde

*Südtiroler Weinmuseum
39052 Kaltern, Goldgasse 1
Tel. + Fax. 0471/ 96 31 68
www.weinmuseum.it
weinmuseum@landesmuseen.it*

7 SKY DINNER IN GRÖDEN

TECHNISCHE DETAILS

Anfahrt
Von Klausen (Autobahnausfahrt) Zufahrt ins Grödner Tal, in St. Ulrich fährt man rechts über die erste Brücke zur Seilbahn Mont Seuc (Seiser Alm) mit Parkplatz

Das Programm: Im Sommer wird in Gröden ein fünfgängiges Galadinner in einer Seilbahnbahn serviert. Das außergewöhnliche Spektakel beginnt in der Talstation der Gondelbahn, wo um 19 Uhr ein Champagner-Aperitif gereicht wird, und findet an den fein gedeckten Tischen in den Kabinen seine Fortsetzung (Start der ersten Kabine um 19.30 Uhr). An der Bergstation und auf der Rückfahrt (letzte Talfahrt um 2 Uhr) warten weitere Überraschungen auf die Gäste. Das kulinarische Event (Preis pro Person € 100) kombiniert den Genuss ausgefallener Speisen und Weine mit einem abendlichen Erlebnis der atemberaubenden Berge der Dolomiten. Der Sonnenuntergang auf der Seiser Alm und der Blick auf den Langkofel, der im schwindenden Licht der Abendsonne nur noch als Schatten zu sehen ist, wird ebenso in Erinnerung bleiben wie das Menü. Mehrere Küchenchefs aus Gröden, einige von ihnen mit Michelin-Sternen und Gault-Millau-Hauben ausgezeichnet, sind für die Menüs verantwortlich; unzählige Servicekräfte betreuen die Gäste an der Talstation, in der Gondelbahn und an der Bergstation. Das perfekte

Das Sky Dinner-Team

Fisch-Kreation von Meisterhand

TOP, WEIL …

das feine Dinner in der Seilbahn vor der einmaligen Bergkulisse der Dolomiten unbeschreiblich ist und man zum Sonnenuntergang einen edlen Tropfen trinken kann.

Timing macht aus dem Ganzen einen gemütlichen Abend ohne Hast, obwohl man ständig in Bewegung ist.

Wo findet es statt: In St. Ulrich in Gröden, Seilbahn zum Mont Seuc (Seiser Alm). Die Bahn startet direkt in St. Ulrich (großer Parkplatz); in den 20 Kabinen können jeweils 2 bis 6 Personen Platz nehmen. Die Fahrt dauert ca. 1 ¾ Stunden und überwindet 980 Höhenmeter.

Wann findet die Veranstaltung statt: Das kulinarische Event findet mehrmals im Juli statt.

Wo und wie reservieren: Eine rechtzeitige Reservierung ist unbedingt notwendig, da das Sky Dinner immer sehr schnell ausgebucht ist.

Information & Anmeldung: Fine Dine Restaurants St. Ulrich, Tel. 0039 0471 774444, auf der Internetseite www.turismo.bz.it bzw. unter e-mail: info@turismo.bz.it

8 APFEL, MARMOR & MARILLEN

TECHNISCHE DETAILS

Anfahrt
Schlanders und Laas sind von Meran aus sowohl mit dem Auto als auch mit öffentlichen Verkehrsmitteln (z. B. mit der Vinschger Bahn) gut zu erreichen.

Das Programm: Der Vinschgau ist nicht nur ein Apfelparadies, sondern es verdankt seinen Ruf als Obstgarten auch der Marille (Aprikose). Weltberühmt ist es darüber hinaus für den weißen Laaser Marmor, aus dem viele Denkmäler in ganz Europa – speziell in Wien – gefertigt wurden. In Laas kam man daher auf die Idee, Marmor und Marillen mit einem gemeinsamen Fest zu feiern. An 30 Marktständen werden zahlreiche Marillenprodukte angeboten: fruchtige Marillenmarmeladen, wohlschmeckende Edelbrände, Marillenknödel usw. Garniert wird alles mit reichlich Musik und internationalen Künstlern, die zeigen, welche Kunstwerke aus dem weißen Stein entstehen können.
In Schlanders, dem Hauptort des Tales mit reizenden Shoppingmöglichkeiten und gemütlichem Beisammensein in den zahlreichen Cafes und Restaurants, hat man sich im Juli den „Vinschger Apfelwochen" verschrieben. Hier bieten die Gastwirte allerlei Köstlichkeiten rund um den Apfel an.

Wo findet es statt: „Marmor & Marillen" ist ein Musik-, Kunst- und Genussfest im Dorfzentrum von Laas. Die Spezi-

Pfarrkirche Maria Himmelfahrt in Schlanders

Marillenknödel

TOP, WEIL ...

das Fest „Marmor & Marillen" bzw. die „Vinschger Apfelwochen" die beste Gelegenheit sind, Kunst zu genießen und sich mit vielen Vinschger Köstlichkeiten verwöhnen zu lassen.

alitätenwochen „Vinschger Apfel" werden von den Gastbetrieben in Schlanders organisiert.

Wann findet die Veranstaltung statt: Das Volksfest „Marmor & Marillen" findet am ersten Wochenende im August statt und dauert drei Tage. Die Genusswochen„Vinschger Apfel" sind im Juli und dauern zwei Wochen.

Wo und wie reservieren: Eine Reservierung für „Marmor & Marillen" ist nicht notwendig, da das Fest frei zugänglich ist. Über die an den „Vinschger Apfelwochen" teilnehmenden Betriebe und Platzreservierungen sollte man sich vorher beim Tourismusverein informieren. (Adressen siehe unter Information & Anmeldung.)

Aktivitäten: Wandertipp: Waalweg-Wanderung durch Apfelgärten und Kastanienhaine oberhalb von Kortsch und Schlanders zum Kirchlein „St. Ägidius" und zum Schloss Schlandersberg (nicht zu besichtigen).
Fahrradtipp: Mit der Vinschgerbahn nach Laas und auf dem Radweg zurück nach Meran, mit Einkehr in der hübsch gestalteten Fußgängerzone von Schlanders.

Information & Anmeldung: Tourismusbüros von Schlanders und Laas, Tel. 0473 737050 und
auf der Internetseite www.schlanders-laas.it bzw. unter
e-mail: info@schlanders-laas.it

9 DAS TERNER SCHMELZPFANDL

TECHNISCHE DETAILS

Anfahrt
Nach Terenten kommt man von Vintl aus oder man fährt von Bruneck auf der Sonnenstraße über Pfalzen nach Terenten.

Das Programm: Terenten liegt – ruhig und sonnenbegünstigt – auf einer Mittelgebirgsterrasse und galt einst als Kornkammer des Pustertales. 's Terner Schmelzpfandl ist eine kulinarische Veranstaltungsreihe, welche die bäuerliche Tradition und Küche dieser Gegend authentisch vermittelt und belebt. Dabei werden den Gästen und Besuchern nicht nur Gerichte der Bauernküche schmackhaft gemacht, sondern sie erhalten auch Einblick in den traditionellen bäuerlichen Arbeitszyklus rund ums Korn: von der Aussaat des Getreides über die Ackerpflege, die Ernte und die Weiterverarbeitung in Mühlen und Küchen. Der Name ist zugleich Programm: Als Schmelzpfandl bezeichnet man die gusseiserne Pfanne, mit der seinerzeit die meisten bäuerlichen Köstlichkeiten zubereitet wurden. Auf der Speisekarte der Spezialitätenwoche stehen heute die Gerichte, die früher vorwiegend an Sonn- und Feiertagen auf den Tisch kamen, wie Krautsuppe, Graukassuppe, Schwarzplentener Ribl mit Apfelmus, Blutnudeln, Ziachkrapfen, Kirchtagskrapfen, Puffa, Tirtln, Schnollsuppe

Bauersleut bei der Marende

„Pustertaler Kasnocken im Schmelzpfandl"

TOP, WEIL ...

diese Initiative alte bäuerliche Traditionen mit Genuss und Kultur verbindet und besonders für Familien geeignet ist.

und vieles mehr. Das Rahmenprogramm ist sehr umfangreich: Ausstellung bäuerlicher Arbeitsgeräte, Vorführung traditioneller Berufe, Mühlenbesichtigung, geführte Wanderungen, Besichtigung von Bauernhöfen, Koch- und Backkurs, Streichelzoo und Eseltrekking.

Wo findet es statt: In Terenten im Pustertal

Wann findet die Veranstaltung statt: Die Veranstaltungsreihe beginnt mit der Aussaat im April, dann folgen das Mühlenfest im Juli und die Erntezeit im August, sowie der traditionelle Almabtrieb mit Festumzug im Oktober. Zum Ausklang und als Höhepunkt findet Ende Oktober die bäuerliche Spezialitätenwoche auf Bauernhöfen und in Gastbetrieben von Terenten statt.

Wo und wie reservieren: Eine Reservierung ist nicht unbedingt nötig – alle Veranstaltungen sind frei zugänglich. Über die einzelnen Veranstaltungen, deren Programmpunkte, Spezialitäten und die teilnehmenden Gastbetriebe informiert Sie der Tourismusverein Terenten gern.

Information & Anmeldung: Tourismusverein Terenten,
Tel. 0039 0472 546140 und auf den Internetseiten
www.schmelzpfandl.com und www.terenten.com

10 MORGRETI ESSN UND ALPENADVENT SARNTAL

TECHNISCHE DETAILS

Anfahrt
Das Sarntal ist von Bozen aus erreichbar oder von Sterzing über das Penser Joch.

Das Programm: Das Sarntal steht in vieler Hinsicht für Tradition und Authentizität. Die größte Gemeinde Südtirols liegt geographisch im Herzen Südtirols, ist aber nur über ein enges Tal mit Bozen verbunden. Heute führt eine gute Straße ins Tal und lockt viele Besucher in eine bäuerliche Kulturlandschaft, wo die Heiligen noch ihren Platz haben. Nachdem die Hl. Margarethe im Juli Namenstag hat, veranstaltet die Sarner Bevölkerung diesem Namen zu Ehren das „Morgreti Essn", was soviel wie Margarethe auf „sarnerisch" heißt. Das Essn bietet traditionelle Sarntaler Hausmannskost, bei der Knödel erste Geige spielen. Mit verschiedenen Nudelgerichten, von Brennessel- bis zu Kräuternudeln, ist auch die moderne Küche gut vertreten. Wildgerichte und Grillspezialitäten sind zwei weitere Themen, denen sich die Gastbetriebe verschrieben haben.

Selbstgemachte „Sarnar Toppar" (Pantoffeln)

TOP, WEIL ...

das Sarntal echt und authentisch geblieben ist, das „Morgreti Essn" und der Alpenadvent sind ein lebendiges Beispiel dafür.

Der Alpenadvent Sarntal ist kein Christkindlmarkt, sondern besinnliche Adventszeit wie anno dazumal, und das ist nicht so lange her in diesem Tal. Altes Handwerk wie Federkielsticken, Drechseln und Weben werden ebenso geboten wie einheimische Kost, von den Krapfen zu den Strauben und „Striezl". Man kann altes Sarner Brauchtum erleben und einmalige Handwerksprodukte kaufen. Stimmungsvolle Adventmusik und Konzerte stimmen auf die weihnachtliche Zeit ein.

Wo findet es statt: Im Durnholzer Tal das „Morgreti Essn" und in Sarnthein, dem Hauptort des Sarntales, der Alpenadvent Sarntal.

Wann findet die Veranstaltung statt: In der ersten Julihälfte das „Morgreti Essn", in der Adventszeit (Wochenenden von Ende November bis Weihnachten) der Alpenadvent Sarntal.

Wo und wie reservieren: Die teilnehmenden Betriebe am Morgreti Essn sind unter den Info-Adressen abrufbar, Reservierungen werden empfohlen. Der Alpenadvent Sarntal in Sarnthein ist allgemein zugänglich, das Programm beim Tourismusverein erhältlich.

Information & Anmeldung: Tourismusverein Sarntal,
Tel. 0039 0471 623091 und auf der Internetseite
www.sarntal.com bzw. unter e-mail: info@sarntal.com

GUTSCHEINE

DEN ABSCHLUSS DIESES REISEFÜHRERS BILDEN DIE GUTSCHEINE.

Nachstehend finden Sie 87 Gutscheine, mit denen Ihnen Preisnachlässe bei verschiedenen Kulinarischen-, Übernachtungs- und Produkt-Angeboten in ganz Südtirol gewährt werden.
Mit Sicherheit sind die Gutscheine ein zusätzlicher Anreiz, um sich auf die Spur der vielen gastronomischen Geheimtipps zu machen und gleichzeitig bei wunderschönen Wanderungen die herrliche Landschaft Südtirols zu genießen. Sie entdecken Orte, Gaststätten, Gasthöfe, Bauernhöfe, Restaurants und Hotels, die „normale" Wanderer und Genießer überhaupt nicht kennen.
Wir wünschen Ihnen viel Spaß, Erholung und Guten Appetit beim Einlösen der Gutscheine!

Casòn

VINSCHGAU

HOFSCHANK & FERIENWOHNUNGEN TENDERSHOF – RESCHEN

6,00/20,00 €

Erleben Sie bei uns den unverfälschten Geschmack der naturbelassenen Küche.

Gutschein im Wert von 6,00 €
(2 hausgemachte Konfitüren)
bei einer Tischrechnung von mindestens 40,00 €

Gutschein im Wert von 20,00 € (für Getränke oder Essen) bei einem Mindestaufenthalt von 2 Personen für 2 Nächte in einer Ferienwohnung

Familie Prantl
Altdorfstraße 31
I-39027 Reschen
Tel. 0039 0473 632011, Fax 0039 0473 632242
www.tendershof.com, info@tendershof.com
Öffnungszeiten: ganzjährig
Warme Küche: von 12 bis 14 und von 18 bis 21 Uhr

EINGELÖST AM

STEMPEL ODER UNTERSCHRIFT DES ANBIETERS

NATUR-AKTIV HOTEL RESTAURANT LAMM **** – TAUFERS

10,00 €

Ehrliche, ursprüngliche Gaumenschmeichler aus unserer Naturküche …

Gutschein im Wert von 10,00 €
bei einer Tischrechnung von 50,00 €

St.-Johann-Straße 37
I-39020 Taufers im Münstertal
Tel. 0039 0473 832168, Fax 0039 0473 832353
www.hotel-lamm.com, info@hotel-lamm.com

Öffnungszeiten: Dezember bis November
Ruhetag: Mittwoch

Warme Küche: von 12 bis 13.30 und von 18.45 bis 20.30 Uhr, nachmittags leckere, kleine Gerichte

EINGELÖST AM

STEMPEL ODER UNTERSCHRIFT DES ANBIETERS

VINSCHGAU

HOTEL-RESTAURANT PIZZERIA ALTE MÜHLE **** – SCHLUDERNS

10,00 €

In unserem familiär geführten Hotel sorgen wir persönlich für Ihr Wohlbefinden und werden Ihnen jeden Wunsch von den Augen ablesen. Geräumige Zimmer mit jedem Komfort, Wellnessbereich und atemberaubender Blick zur Churburg. Zentrale und ruhige Lage im Dorfkern.

Gutschein im Wert von 10,00 €
und je ein Schnaps bei einer Mindestrechnung von 50,00 €

Familie Pali-Gunsch
Matscher Winkel 24
I-39020 Schluderns
Tel. 0039 0473 615238, Fax 0039 0473 614061
www.hotel-alte-muehle.com, info@hotel-alte-muehle.com
Öffnungszeiten: ganzjährig
Ruhetag: Montag

Alte Mühle
Hotel · Restaurant · Pizzeria

EINGELÖST AM

STEMPEL ODER UNTERSCHRIFT DES ANBIETERS

RESTAURANT & JAUSENSTATION ZUM DÜRREN AST – PRAD

16,00 €

Ein Paradies mitten im Grünen. Lassen Sie die Seele baumeln und erholen Sie sich vom Alltagsstress auf unserer herrlichen Sonnenterrasse oder im Freien.

Gutschein im Wert von 16,00 €
(1 Flasche Rotwein „Rebhof")
bei einer Tischrechnung von 65,00 €

Vellnaier 6 A – Prader Berg
I-39026 Prad am Stilfser Joch
Tel. 0039 0473 616638
petratheiner@hotmail.com
Öffnungszeiten: Ostern bis Allerheiligen
Ruhetag: Freitag (außer August)
Warme Küche: von 12 bis 14 und von 18 bis 20 Uhr, nachmittags kleine Karte

EINGELÖST AM

STEMPEL ODER UNTERSCHRIFT DES ANBIETERS

VINSCHGAU

FOHLENHOF – FERIENWOHNUNGEN & EDELBRÄNDE – LAAS 5,00/50,00 €

Einmalige Verbindung von Erlebnisbauernhof und Edeldestillaten.

Gutschein im Wert von 5,00 €
bei einem Einkauf von 50,00 €

Gutschein im Wert von 50,00 €
bei einem Mindestaufenthalt von 7 Tagen
in einer Ferienwohnung

Bahnhofstraße 2
I-39023 Laas
Tel. + Fax 0039 0473 626501,
Mobil 0039 335 6932000
www.fohlenhof.it, fohlenhof@gartner.it
Öffnungszeiten: ganzjährig von 8 bis 19 Uhr

EINGELÖST AM

STEMPEL ODER UNTERSCHRIFT DES ANBIETERS

CAFÉ & FERIENWOHNUNGEN WEINGART – SCHLANDERS 8,00/40,00 €

Café, Jausenstation, Geschäft mit einheimischen Spezialitäten, Spitzenweine und Ferienwohnungen alles unter einem Dach.

Gutschein im Wert von 8,00 €
bei einer Tischrechnung (oder Einkauf)
von 40,00 €

Gutschein im Wert von 40,00 €
(für Einkauf oder Konsumation)
bei einem Mindestaufenthalt von 5 Tagen
in einer Ferienwohnung

Vetzan 28
I-39028 Schlanders
Tel. 0039 0473 742035
www.weingart.com, info@weingart.com
Öffnungszeiten: ganzjährig von 7 bis 19 Uhr
Ruhetag: Montag

EINGELÖST AM

STEMPEL ODER UNTERSCHRIFT DES ANBIETERS

VINSCHGAU

BIERKELLER LATSCH – LATSCH

6,80 €

Am Waldrand ruhig gelegen, leicht mit dem Auto oder Fahrrad von Latsch zu erreichen, befindet sich unser traditionsreicher Bierkeller.
Familie Rinner freut sich auf Ihren Besuch.

Gutschein im Wert von 6,80 € (2 große Biere) bei einer Tischrechnung von 35,00 €

Valtneidweg 2
I-39021 Latsch
Tel. 0039 0473 623208
www.bierkeller-latsch.com, mail@bierkeller-latsch.com
Öffnungszeiten: März bis Dezember
Ruhetag: Montag, außer an Feiertagen
Warme Küche: durchgehend von 10 bis 24 Uhr

EINGELÖST AM

STEMPEL ODER UNTERSCHRIFT DES ANBIETERS

SCHLOSSWIRT JUVAL – NATURNS

30,00 €

Lassen Sie die Seele baumeln und genießen Sie unsere hausgemachten Speisen. Der Geschmack der unverfälschten Küche aus hofeigenen Produkten wird Sie begeistern.

Gutschein im Wert von 30,00 € (Konsumation im Gasthof) bei einem Mindestaufenthalt von 7 Tagen in einer Ferienwohnung

Juval 2
I-39025 Naturns
Tel. + Fax 0039 0473 668056
www.schlosswirtjuval.it, info@schlosswirtjuval.it
Öffnungszeiten: März bis November
Ruhetag: Mittwoch
Warme Küche: So–Mo–Di von 11.30 bis 16 Uhr, Do–Fr–Sa von 11.30 bis 21 Uhr

EINGELÖST AM

STEMPEL ODER UNTERSCHRIFT DES ANBIETERS

VINSCHGAU

HOFSCHANK PIRCHHOF – NATURNS

10,00 €

Genießen Sie typische Tiroler Küche in einem gemütlichen Ambiente und die Ruhe und Aussicht inmitten des Wanderparadieses Naturnser Sonnenberg.

Gutschein im Wert von 10,00 €
bei einer Tischrechnung von 60,00 €

Sonnenberg 77
I-39025 Naturns
Tel. 0039 0473 667812
www.pirchhof.com, info@pirchhof.it
Öffnungszeiten: April bis November
Warme Küche: täglich von 11 bis 20 Uhr
Im Winter auf Vorbestellung nur sonntags geöffnet.

EINGELÖST AM

STEMPEL ODER UNTERSCHRIFT DES ANBIETERS

RESTAURANT CUTRAUNSTUBE – RABLAND/PARTSCHINS

10,00 €

Besuchen Sie unser Lokal, wo Sie sich in der gemütlichen Stube wie zuhause fühlen werden. Im Sommer können Sie im Freien auf der großen Terrasse leichte Speisen aus unserer gepflegten Küche genießen.

Gutschein im Wert von 10,00 €
bei einer Tischrechnung von 60,00 €

Cutraunstraße 26
I-39020 Rabland/Partschins
Tel. + Fax 0039 0473 968033
cutraunstube@dnet.it
Öffnungszeiten: ganzjährig von 8 bis 23 Uhr
Ruhetag: Sonntag
Warme Küche: von 12 bis 14 und von 18 bis 21 Uhr

EINGELÖST AM

STEMPEL ODER UNTERSCHRIFT DES ANBIETERS

MERAN, PASSEIERTAL & ULTENTAL

RESTAURANT KÖSTENWALDELE – OBERPLARS/ALGUND 15,00 €

Mitten in den Apfelwiesen, umrundet von den uralten hauseigenen Kastanienbäumen, liegt unser gemütliches Restaurant. Genießen Sie die prachtvolle Fernsicht über den Meraner Kessel von unserer großen Terrasse.

Gutschein einer Flasche Wein „Roat" oder „Wais" (Burggräfler Kellerei) im Wert von 15,00 € bei einer Mindestrechnung von 50,00 €

Oberplars
I-39022 Algund
Tel. 0039 0473 448374, Fax 0049 0473 206021
www.koestenwaldele.com, info@koestenwaldele.com
Öffnungszeiten: Anfang März bis Ende November von 8 bis 23 Uhr
Ruhetag: Donnerstag
Warme Küche: von 11.30 bis 14 und von 18 bis 21 Uhr

EINGELÖST AM

STEMPEL ODER UNTERSCHRIFT DES ANBIETERS

SAXIFRAGA STUB'N – MERAN 15,50 €

Das ideale Restaurant, um zu jeder Jahreszeit über den Dächern von Meran im Freien oder in den Stuben die mediterranen Speisen unserer gepflegten Küche zu genießen.

Gutschein im Wert von 15,50 € (1 Flasche Vernatsch Eigenbau) bei einer Tischrechnung von 50,00 €

Tappeinerweg-Zenoberg 33
I-39012 Meran
Tel. 0039 0473 239249, Fax 0039 0473 256729
www.saxifraga.it, info@saxifraga.it
Öffnungszeiten: März bis Jänner
Ruhetag: Dienstag (außer April bis Mai, September bis Oktober)
Warme Küche: durchgehend von 11 bis 17 Uhr, abends auf Vorbestellung

EINGELÖST AM

STEMPEL ODER UNTERSCHRIFT DES ANBIETERS

MERAN, PASSEIERTAL & ULTENTAL

CULINARIA IM FARMERKREUZ – DORF TIROL

8,00/68,00 €

Genießen Sie in unserer Panoramalage die phantasievollen Kreationen aus unserer leichten mediterranen Küche.

Gutschein im Wert von 8,00 €
bei einer Tischrechnung von 50,00 €

Gutschein im Wert von 68,00 €
(1 zusätzliche Nächtigung für 2 Personen)
bei einem Mindestaufenthalt von 7 Nächten

Haslachstraße 105
I-39019 Dorf Tirol
Tel. 0039 0473 923508, Fax 0039 0473 925567
www.farmerkreuz.com, info@farmerkreuz.com
Öffnungszeiten: ganzjährig von 11 bis 16 Uhr und von 18 bis 24 Uhr
Ruhetag: Sonntagabend und Montag

EINGELÖST AM

STEMPEL ODER UNTERSCHRIFT DES ANBIETERS

BRAUHOTEL-PIZZERIA-RESTAURANT MARTINERHOF – ST. MARTIN

8,00 €

Ein einmaliges Erlebnis erwartet Sie im Brauhotel Martinerhof. Eine gelungene Verbindung von mediterraner Leichtigkeit und Südtiroler Herzhaftigkeit.

Gutschein im Wert von 8,00 €
(2 Bier „Martinsbräu“)
bei einer Tischrechnung von 35,00 €

Jaufenstraße 39
I-39010 St. Martin in Passeier
Tel. 0039 0473 641226, Fax 0039 0473 650434
www.martinerhof.it, info@martinerhof.it
Öffnungszeiten: ganzjährig von 8 bis 24 Uhr
Kein Ruhetag

EINGELÖST AM

STEMPEL ODER UNTERSCHRIFT DES ANBIETERS

MERAN, PASSEIERTAL & ULTENTAL

HOTEL JÄGERHOF – WALTEN/ST. LEONHARD IN PASSEIER

17,00/24,00 €

Höhenflug des kulinarischen Genusses über dem Passeiertal.

Gutschein im Wert von 17,00 €
(1 Flasche Jägerhof, Hausmarke Lagrein)
bei einer Tischrechnung von mindestens 50,00 €

Gutschein im Wert von 24,00 € bei einer Buchung unseres Angebotes „Himmlischer Genießertag" (Preis 244,00 €)

Das Angebot beinhaltet (für 2 Pers.): 1 Degustationsmenü mit 7 Gängen inkl. Wein, 1 Übernachtung im Naturzimmer „Arnika" inkl. Frühstück, 1 Sprudelbad, 1 Heukraxenbad, freie Benutzung der Wellnessoase

Walten 80
I-39015 St. Leonhard in Passeier – Fraktion Walten
Tel. 0039 0473 656250
www.jagerhof.net, info@jagerhof.net
Öffnungszeit: ganzjährig

EINGELÖST AM

STEMPEL ODER UNTERSCHRIFT DES ANBIETERS

GASTHOF KIRCHSTEIGER – ST. WALBURG/ULTEN

8,00 €

Familienbetrieb mit traditioneller Küche und hausgemachten Gerichten und Pizza aus dem Holzofen ab 18 Uhr.

Gutschein im Wert von 8,00 €
bei einer Tischrechnung von 50,00 €

I-39016 St. Walburg/Ulten
Tel. 0039 0473 795349, Fax 0039 0473 795114
kirchsteiger@rolmail.net
Öffnungszeiten: ganzjährig
Ruhetag: Montag
Warme Küche: von 12 bis 14 und von 18 bis 21 Uhr

EINGELÖST AM

STEMPEL ODER UNTERSCHRIFT DES ANBIETERS

MERAN, PASSEIERTAL & ULTENTAL

FIECHTALM – ST. GERTRAUD/ULTEN

4,40 €

Auf unseren Almwiesen inmitten einer naturbelassenen Landschaft zwischen mehreren Hochgebirgsseen werden wir Sie mit unseren Käse- und Kräuterspezialitäten verwöhnen.

Gutschein im Wert von 4,40 €
(2 Schnäpse)
bei einer Tischrechnung von 30,00 €

I-39016 Weißbrunn/St. Gertraud/Ulten
Mobil 0039 333 4797746 oder 0039 333 6208295
Öffnungszeiten: Mai bis Ende Oktober
Kein Ruhetag
Warme Küche: durchgehend

EINGELÖST AM

STEMPEL ODER UNTERSCHRIFT DES ANBIETERS

GASTHOF KIRCHSTEIGER – VÖLLAN

10,00/30,00 €

Unser Haus, sehr zentral im Herzen von Völlan gelegen, bietet 8 schöne Gästezimmer und ist ein idealer Ausgangspunkt für vielseitige Wanderungen. Genießen Sie in unserer Gourmetstube oder auf der herrlichen Sonnenterrasse mediterrane und einzigartige Kreationen.

Gutschein im Wert von 10,00 €
bei einer Tischrechnung von 100,00 €

Gutschein im Wert von 30,00 € für Getränke
bei einer Übernachtung inkl. 6-Gänge-Degustationsmenü für 2 Personen (Preis 210,00 €)

Probst-Wieser-Weg 5, I-39011 Völlan-Lana
Tel. 0039 0473 568044, Fax 0039 0473 568198
www.kirchsteiger.com, info@kirchsteiger.com
Öffnungszeiten: ganzjährig
Ruhetag: Donnerstag
Warme Küche: von 12 bis 14 und von 18.30 bis 21.30 Uhr

EINGELÖST AM

STEMPEL ODER UNTERSCHRIFT DES ANBIETERS

MERAN, PASSEIERTAL & ULTENTAL

GASTHOF ZUM HIRSCHEN – U. LIEBE FRAU IM WALDE — 8,00/15,00 €

Wir hoffen, dass Sie sich bei uns wohlfühlen, unser gastfreundliches Haus weiter empfehlen und uns wieder besuchen. Vormerkung erwünscht!

Gutschein im Wert von 8,00 €
bei einer Tischrechnung von 51,00 €

Gutschein im Wert von 15,00 € (für Getränke)
bei einem Mindestaufenthalt von 2 Personen
für 3 Tage im Doppelzimmer mit Halbpension

I-39010 Unsere Liebe Frau im Walde
Tel. + Fax 0039 0463 886105
www.zumhirschen.com, info@zumhirschen.com
Öffnungszeiten: ganzjährig von 8 bis 21 Uhr
Kein Ruhetag
Warme Küche: von 11 bis 21 Uhr

EINGELÖST AM

STEMPEL ODER UNTERSCHRIFT DES ANBIETERS

RESTAURANT APOLLONIA – NALS — 9,00 €

In unserem Familienbetrieb bieten wir Ihnen hausgemachte, traditionelle Gerichte an. Besuchen Sie uns, um den sagenhaften Dolomitenblick von unserer Terrasse aus zu genießen.

Gutschein im Wert von 9,00 € (1 Flasche
Vernatsch Pfeffersburg der Kellerei Nals-Margreid)
bei einer Tischrechnung von 40,00 €

St.-Apollonia-Weg 3
I-39010 Nals
Tel. 0039 0471 678656, Fax 0039 0471 1969280
www.restaurant-apollonia.it
info@restaurant-apollonia.it
Öffnungszeiten: Mitte März bis 22. Dezember
Ruhetag: Montag
Warme Küche: von 11.30 bis 14 und von 17.30 bis 21 Uhr, nachmittags kleine Karte

EINGELÖST AM

STEMPEL ODER UNTERSCHRIFT DES ANBIETERS

RITTEN, ÜBERETSCH & UNTERLAND

RESTAURANT ZUM HIRSCHEN – VILPIAN

7,00 €

Der ideale Genuss-Stop für alle Rad- oder Autofahrer zwischen Meran und Bozen. In unserem frischen und netten Ambiente mit neu interpretierter mediterraner Küche werden wir Sie begeistern.

Gutschein im Wert von 7,00 €
für 2 Hausaperitifs (Prosecco-Aperol-Maracuja)
bei einer Tischrechnung von 30,00 €

Nalserstraße 22
I-39018 Vilpian
Tel. 0039 0471 678533
www.zumhirschen.net, info@zumhirschen.net
Öffnungszeiten: ganzjährig
Ruhetag: Dienstag und Mittwoch
Warme Küche: von 12 bis 14 und von 18 bis 1 Uhr

EINGELÖST AM

STEMPEL ODER UNTERSCHRIFT DES ANBIETERS

RESTAURANT-PIZZERIA OBERHAUSER – TERLAN

13,00 €

Wir erwarten Sie in unserem zentral gelegenen Restaurant im Weindorf Terlan mit Spezialitäten aus der mediterranen Küche.

Gutschein im Wert von 13,00 €
(1 Flasche Terlaner Klassisch)
bei einer Tischrechnung 60,00 €

Wieserplatz 1
I-39018 Terlan
Tel. 0039 0471 258224
Öffnungszeiten: ganzjährig
Ruhetag: Montag
Warme Küche: von 12 bis 14 und von 18.30 bis 22 Uhr

EINGELÖST AM

STEMPEL ODER UNTERSCHRIFT DES ANBIETERS

RITTEN, ÜBERETSCH & UNTERLAND

HOFSCHANK STEGERHOF URLAUB A. D. BAUERNHOF – JENESIEN 8,00 €

Besuchen Sie uns in unserem Archehof und genießen Sie die unverfälschten Impressionen aus Kultur und Natur, die der Weiler bietet. Unsere Traditionsgerichte aus Eigenprodukten hergestellt, werden Sie begeistern.

Gutschein im Wert von 8,00 €
bei einer Tischrechnung von 40,00 €

Flaas 42
I-39050 Jenesien
Tel. + Fax 0039 0471 340051
Öffnungszeiten: ganzjährig von 11 bis 19 Uhr, abends auf Vorbestellung
Ruhetag: Montag und Dienstag

EINGELÖST AM

STEMPEL ODER UNTERSCHRIFT DES ANBIETERS

HOTEL-RESTAURANT DREI BIRKEN – OBERBOZEN 30,00 €

Unser Haus ist ein kleines familiär geführtes mit neuen Zimmern eingerichtetes Ferienhotel und liegt in Wolfsgruben, einem kleinen Ort mit gleichnamigen Badesee am Ritten.

Gutschein im Wert von 30,00 €
bei einem Mindestaufenthalt von 2 Personen für 3 Nächte im Doppelzimmer (bei höheren Beträgen immer 10 % Rabatt)

Wolfsgruben 5
I-39054 Oberbozen
Tel. 0039 0471 345175, Fax 0039 0471 346396
www.dreibirken.it, info@dreibirken.it
Öffnungszeiten: Ostern bis Mitte November
Ruhetag: Mittwoch, außer Juli/August
Warme Küche: von 11.30 bis 14 und von 17.30 bis 20 Uhr

EINGELÖST AM

STEMPEL ODER UNTERSCHRIFT DES ANBIETERS

RITTEN, ÜBERETSCH & UNTERLAND

GASTHOF AMTMANN – LENGMOOS/RITTEN — 6,00 €

Als bewährtes Dorfgasthaus wollen wir mit Liebe zum Detail schlichter Gastlichkeit gerecht werden.

Gutschein im Wert von 6,00 €
bei einer Tischrechnung von 30,00 €

Dorf 12
Lengmoos am Ritten
I-39054 Ritten
Tel. 0039 0471 356124, Fax 0039 0471 358349
www.amtmann.it , info@amtmann.it
Öffnungszeiten: ganzjährig
Ruhetag: Samstag
Warme Küche: von 12 bis 20.30 Uhr

EINGELÖST AM

STEMPEL ODER UNTERSCHRIFT DES ANBIETERS

HOTEL-WEINGUT STROBLHOF – ST. MICHAEL/EPPAN — 16,50 €

Geschichte zum Anfassen: 100jährige Gastlichkeit spürt man nicht nur im alten Kellergewölbe, in den Stuben oder den herrschaftlichen Aufgängen; bei uns erleben Sie Gastwirtschaftstraditionen auch durch die gehobene, mit mediterranem Einfluss neu interpretierte Südtiroler Küche.

Gutschein im Wert von 16,50 €
(1 Flasche Weißburgunder Strahler)
bei einer Tischrechnung von 50,00 €

Stroblhof
HOTEL · RESTAURANT · WEINGUT

Piganoerweg 25
I-39057 St. Michael/Eppan
Tel. 0039 0471 662250, Fax 0039 0471 663644
www.stroblhof.it, hotel@stroblhof.it
Öffnungszeiten: April bis November
Kein Ruhetag

EINGELÖST AM

STEMPEL ODER UNTERSCHRIFT DES ANBIETERS

RITTEN, ÜBERETSCH & UNTERLAND

HOTEL-RESTAURANT TANNHOF – OBERPLANITZING/KALTERN

10,00 €

Genießen Sie hervorragende Gerichte in einem gemütlichen Ambiente, sowie die Ruhe und den Seeblick auf unserer Terrasse.

Gutschein im Wert von 10,00 €
(3 Flaschen Hauswein)
bei einer Tischrechnung von 55,00 €

Oberplanitzing 78
I-39052 Kaltern
Tel. 0039 0471 669077, Fax 0039 0471 669190
www.tannhof.it, tannhof@tin.it
Öffnungszeiten: Ostern bis Allerheiligen
Kein Ruhetag
Warme Küche: von 12 bis 14 und von 18 bis 21 Uhr

EINGELÖST AM

STEMPEL ODER UNTERSCHRIFT DES ANBIETERS

RESTAURANT GRETL AM SEE – KALTERN

10,00 €

Famoses Restaurant direkt am See mit phantasievoller Küche, erlesenem Weinangebot und herrlicher Seeterrasse.

Gutschein im Wert von 10,00 €
bei einer Tischrechnung von 50,00 €
(bei höheren Beträgen immer 20 % Rabatt)

St. Josef am See 18
I-39052 Kaltern
Tel. 0039 0471 960273, Fax 0039 0471 960140
www.gretlamsee.com, info@gretlamsee.com
Öffnungszeiten: Ostern bis Mitte Oktober,
von 8 bis 24 Uhr
Ruhetag: Montag
Warme Küche: von 12 bis 14.30 und von 18 bis 22 Uhr

EINGELÖST AM

STEMPEL ODER UNTERSCHRIFT DES ANBIETERS

RITTEN, ÜBERETSCH & UNTERLAND

GASTHOF DORFNERHOF – GSCHNON

8,00/20,00 €

Es erwarten Sie behagliche Zimmer und genussvolle Speisen.

Gutschein im Wert von 8,00 €
bei einer Tischrechnung von € 40,00

Gutschein im Wert von 20,00 €
bei einem Aufenthalt von 2 Nächten
mit Restaurantessen

Gschnon 5
I-39040 Montan
Tel. + Fax 0039 0471 819798
www.dorfnerhof.it, info@dorfnerhof.it
Öffnungszeiten: ganzjährig von 8 bis 23 Uhr
Ruhetag: Montag
Warme Küche: von 12 bis 15 und von 18 bis 21.30 Uhr

EINGELÖST AM

STEMPEL ODER UNTERSCHRIFT DES ANBIETERS

BIOS RADSTATION HOFSCHANK – ATZWANG

5,00 €

Das Team der Radstation Bios, des Partschiller- und Wagglerhofes produziert und verarbeitet Produkte aus kontrolliert biologischer Landwirtschaft.

Gutschein im Wert von 5,00 €
(1 Flasche Biosirup Ihrer Wahl)
bei einer Tischrechnung von 30,00 €

I-39040 Atzwang
Mobil 0039 331 5306050
info@bios-radstation.it
Öffnungszeiten: ganzjährig von 9 bis 21 Uhr
(außer Januar/Februar)
Ruhetag: Montag

EINGELÖST AM

STEMPEL ODER UNTERSCHRIFT DES ANBIETERS

GASTHAUS HATZIS – TSCHÖFAS/LAJEN

8,00/15,00 €

Genießen Sie einen wundervollen und erholsamen Urlaub in der angenehm weichen Landschaft von Tschöfas bei Lajen. Nur 10 Autominuten vom Grödner Tal entfernt.

Gutschein im Wert von 8,00 €
bei einer Tischrechnung von 40,00 €

Gutschein im Wert von 15,00 €
bei einem Mindestaufenthalt von 2 Personen
für 3 Nächte im Doppelzimmer

Tschöfas 2 A
I-39040 Lajen
Tel. 0039 0471 655622
www.pensionhatzis.com, info@pensionhatzis.com
Öffnungszeiten: ganzjährig
Ruhetag: Montag
Warme Küche: von 12 bis 14 und von 17 bis 21 Uhr

EINGELÖST AM

STEMPEL ODER UNTERSCHRIFT DES ANBIETERS

GASTHOF ÜBERBACHER – ST. PETER/LAJEN

6,00/30,00 €

Ihr idealer Ausgangspunkt für Sommerausflüge in den nahen Wäldern und den Almen der Dolomiten. Im Winter geeignet für einen Skiurlaub im Grödner Tal in der weltbekannten „Sella Ronda".

Gutschein im Wert von 6,00 €
bei einer Tischrechnung von 40,00 €

Gutschein im Wert von 30,00 € (für Bar oder Restaurant) bei einem Mindestaufenthalt von 2 Personen für 3 Nächte im Doppelzimmer

St. Peter 6
I-39040 Lajen
Tel. 0039 0471 655639, Fax 0039 0471 655999
www.ueberbacher.com, info@ueberbacher.com
Öffnungszeiten: ganzjährig
Ruhetag: Montag
Warme Küche: von 12 bis 14 und von 18 bis 21 Uhr

EINGELÖST AM

STEMPEL ODER UNTERSCHRIFT DES ANBIETERS

EISACKTAL, WIPPTAL, LÜSEN & VILLNÖSS

LANDGASTHOF WÖHRMAURER – TSCHIFFNON/FELDTHURNS — 10,00 €

Abendessen unter dem Kastanienbaum mit hausgemachten Gerichten und selbstgebackenem Brot zum Frühstück; lassen Sie sich von uns verwöhnen. Ruhige Panoramalage ideal für Ruhe, Entspannung und Besinnung.

Gutschein im Wert von 10,00 € bei einer Übernachtung von 2 Personen im Doppelzimmer mit Halbpension (Normalpreis 80,00 €)

Tschiffnon 21
I-39040 Feldthurns
Tel. 0039 0472 855301
Fax 0039 0472 857228
www.woehrmaurer.com, info@woehrmaurer.com
Öffnungszeiten: ganzjährig
(Urlaub Mitte Jänner bis Mitte Februar)
Ruhetag: Montag
Warme Küche: von 12 bis 14 Uhr, von 17 bis 23 Uhr

Landgasthof Wöhrmaurer
Restaurant · Pizzeria

EINGELÖST AM

STEMPEL ODER UNTERSCHRIFT DES ANBIETERS

BERGGASTHAUS STÖFFLHÜTTE – VILLANDERER ALM — 8,00/40,00 €

Berggasthaus in einer umwerfenden Landschaft mit gepflegter Küche und allem Komfort.

Gutschein im Wert von 8,00 € bei einer Tischrechnung von 40,00 €

Gutschein im Wert von 40,00 € bei einem Mindestaufenthalt von 2 Personen für 3 Tage im Doppelzimmer mit Frühstück

Latzfonser-Villanderer Alm
Mobil 0039 320 3364998
www.stoefflhuette.it, info@stoefflhuette.it
Öffnungszeiten: ganzjährig (geschlossen von November bis 26. Dezember und von Mitte März bis Mitte Mai)
Kein Ruhetag

EINGELÖST AM

STEMPEL ODER UNTERSCHRIFT DES ANBIETERS

EISACKTAL, WIPPTAL, LÜSEN & VILLNÖSS

URLAUB A. D. BAUERNHOF OBERGOSTNERHOF – KLAUSEN 5,50/15,00 €

Zentral am Keschtnweg gelegen, mit vielen Wandermöglichkeiten für jede Jahreszeit geeignet. Wir erwarten Sie in unserem Hofladen mit erstklassigen Produkten.

Gutschein im Wert von 5,50 € (1 Glas Kastanienmarmelade) bei einem Mindesteinkauf von 35,00 €

Gutschein im Wert von 15,00 € (für Hofladenprodukte) bei einem Mindestaufenthalt von 5 Nächten in einer Ferienwohnung

Pardell 51
I-39043 Klausen
Tel. + Fax 0039 0472 855548
www.gasser.bz.it, lisi@gasser.bz.it
Öffnungszeiten: ganzjährig von 8 bis 12 und von 14 bis 18 Uhr
Kein Ruhetag

EINGELÖST AM

STEMPEL ODER UNTERSCHRIFT DES ANBIETERS

BERGGASTHAUS GAMPENALM – VILLNÖSS 6,00/10,00 €

Im Naturpark Puez-Geisler, eingebettet in einer umwerfenden Landschaft, liegt unser familiär geführtes Berggasthaus, wo auf Sie hausgemachte Köstlichkeiten warten.

Gutschein im Wert von 6,00 € (3 Schnäpse) bei einer Tischrechnung von 25,00 €

Gutschein im Wert von 10,00 € (für Essen oder Trinken) bei einem Mindestaufenthalt von 2 Personen für 3 Nächte im Doppelzimmer

St. Magdalena 69/A
I-39040 Villnößs
Tel. 0039 348 2721587 ,Fax 0039 0472 840382
www.gampenalm.com, info@gampenalm.com
Öffnungszeiten: Ende Mai bis Anf. Okt. (Übernachten)
Warme Küche: 20. Mai bis Allerheiligen und von Weihnachten bis März

EINGELÖST AM

STEMPEL ODER UNTERSCHRIFT DES ANBIETERS

EISACKTAL, WIPPTAL, LÜSEN & VILLNÖSS

RESTAURANT GRISSINO – BRIXEN

10,00 €

Wir servieren nicht einfach exzellente Menüs und Getränke, sondern sind Ihre ganz persönlichen Gastgeber. Essen macht Spaß und ist eine Wohltat für Körper und Geist. Wo Essen zum Erlebnis wird.

Gutschein im Wert von 10,00 €
bei einer Tischrechnung von 50,00 €

Alte Marktgasse 28 B
I-39042 Brixen
Tel. 0039 0472 262510, Fax 0039 0472 262505
www.acquarena.it, info@acquarena-well.com
Öffnungszeiten: ganzjährig
Kein Ruhetag
Warme Küche: von 12 bis 14 und von 18 bis 24 Uhr

EINGELÖST AM

STEMPEL ODER UNTERSCHRIFT DES ANBIETERS

SCHUTZHÜTTE KREUZWIESENALM – LÜSNER ALM

20,00 €

Erholsamer Almurlaub mit einzigartigem Blick auf die Almwiesen und die nahe gelegenen Berge. Zentral gelegen an mehreren Alpenübergängen. Individuelle Naturzimmer und heimelig knisternde „Schwitzstube".

Gutschein im Wert von 20,00 €
bei einem Mindestaufenthalt von 2 Personen
für 3 Nächte im Doppelzimmer mit Halbpension
(gültig von Montag bis Freitag)

Rungger Straße 18
I-39040 Lüsen
Lüsner Alm – Dolomiten
Tel. 0039 0472 413714, Mobil 0039 333 7484880
www.kreuzwiesenalm.com, info@kreuzwiesenalm.com
Öffnungszeiten: Mai bis November, Silvester und Fasching
Kein Ruhetag

EINGELÖST AM

STEMPEL ODER UNTERSCHRIFT DES ANBIETERS

EISACKTAL, WIPPTAL, LÜSEN & VILLNÖSS

GASTHOF SONNECK – NATZ/SCHABS

9,00/15,00 €

Gepflegtes komfortables Hotel mit Familienbetrieb. Sonnenterrasse, Whirlpool, Sauna und gute Küche.

Gutschein im Wert von 9,00 € (1 Flasche Hauswein) bei einer Tischrechnung von 50,00 €

Gutschein im Wert von 15,00 € (Konsumation an der Bar oder im Restaurant) bei einer Übernachtung von 2 Personen im Doppelzimmer

Natz/Schabs 43
I-39040 Natz/Schabs
Tel. 0039 0472 412037
www.hotel-sonneck.it, info@hotel-sonneck.it
Öffnungszeiten: ganzjährig
Ruhetag: Donnerstag
Warme Küche: von 12 bis 14 und von 18 bis 21 Uhr

EINGELÖST AM

STEMPEL ODER UNTERSCHRIFT DES ANBIETERS

GASTHOF HOTEL BIRCHER – FREIENFELD

8,50/15,00 €

In der vierten Generation betreut Familie Mayr ihre Gäste im gastlichen und traditionsreichen Haus aufmerksam und zuvorkommend .

Gutschein im Wert von 8,50 € bei einer Tischrechnung von 50,00 €

Gutschein im Wert von 15,00 € bei einer Zimmerrechnung von 95,00 €

Innozenz-Barat-Straße 1
I-39040 Freienfeld
Tel. 0039 0472 647122, Fax 0039 0472 647350
www.hotelbircher.it, info@hotelbircher.it
Öffnungszeiten: 26. Dezember bis Ostern und April bis Allerheiligen
Ruhetag: Dienstag
Warme Küche: von 11.30 bis 14 Uhr, Abendessen auf Vorbestellung

EINGELÖST AM

STEMPEL ODER UNTERSCHRIFT DES ANBIETERS

ROSENGARTEN, SCHLERN & GRÖDEN

FERIENWOHNUNGEN & HOFLADEN PRACKFOLERHOF – VÖLS 5,50/40,00 €

Am Prackfolerhof finden Sie Erholung in unverfälschter Natur und viele haus- und handgemachte Produkte aus Hof und Feld.

Gutschein im Wert von 5,50 € (1 Flasche Vernatsch) bei einem Mindesteinkauf von 30,00 €

Gutschein im Wert von 40,00 € (Verwöhnfrühstück und Marende/Südtiroler Brotzeit für 2 Personen) bei einem Mindestaufenthalt von 7 Tagen

Unteraicha 10
I-39050 Völs am Schlern
Tel. + Fax 0039 0471 601532
www.prackfolerhof.it, info@prackfolerhof.it
Öffnungszeiten: ganzjährig von 9 bis 19 Uhr
Kein Ruhetag

EINGELÖST AM

STEMPEL ODER UNTERSCHRIFT DES ANBIETERS

ANSITZ VÖLSEGG – TIERS AM ROSENGARTEN 15,00 €

In herrlicher Lage mit Blick auf den naheliegenden Rosengarten befindet sich der Ansitz Völsegg, ein Platz für Genießer.
Eröffnung: Frühjahr 2009

Gutschein im Wert von 15,00 € bei einer Mindestrechnung von 40,00 €

I-39050 Tiers am Rosengarten
Tel. 0039 0471 642136, Fax 0039 0471 642036
www.paradies.it, info@paradies.it
Öffnungszeiten: ganzjährig
Kein Ruhetag
Warme Küche: durchgehend von 11 bis 21 Uhr

EINGELÖST AM

STEMPEL ODER UNTERSCHRIFT DES ANBIETERS

ROSENGARTEN, SCHLERN & GRÖDEN

EPIRCHER LANER ALM – DEUTSCHNOFEN

10,00 €

Sowohl im Sommer als auch im Winter das ideale Ausflugsziel für leichte Wanderungen und Wintersportaktivitäten am Latemar.

Gutschein im Wert von 10,00 € (4 Schnäpse) bei einer Tischrechnung von 40,00 €

Obereggen 34
I-39050 Deutschnofen
Mobil 0039 349 6199075
Öffnungszeiten: Wintersaison: Dezember bis Ostern, Sommersaison: Juni bis Oktober
Kein Ruhetag

EINGELÖST AM

STEMPEL ODER UNTERSCHRIFT DES ANBIETERS

HOTEL-RESTAURANT ROSENGARTEN – WELSCHNOFEN

6,00 €

Gönnen Sie sich im Sommer wie im Winter eine romantische Wanderung durch unsere Wälder mit Blick auf die Hausberge, um sich dann bei uns im Restaurant Rosengarten so richtig verwöhnen zu lassen.

Gutschein im Wert von 6,00 €
bei einer Tischrechnung von 60,00 €.
(bei höheren Beträgen immer 10 % Rabatt)

Rosengartenstraße 43
I-39056 Welschnofen
Tel. 0039 0471 613262, Fax 0039 0471 613510
www.hotelrosengarten.it, info@hotelrosengarten.it
Öffnungszeiten: ganzjährig
Ruhetag: Montag
Warme Küche: von 12 bis 14 und von 18 bis 21 Uhr

EINGELÖST AM

STEMPEL ODER UNTERSCHRIFT DES ANBIETERS

ROSENGARTEN, SCHLERN & GRÖDEN

ALPENGASTHOF JOLANDA – KARERSEE/WELSCHNOFEN 7,00/20,00 €

Die kulinarische Sonnenseite am Fuße des Rosengartens.

Gutschein im Wert von 7,00 €
bei einer Tischrechnung von 45,00 €

Gutschein im Wert von 20,00 €
(Bar oder Restaurant) bei einem Aufenthalt
von 2 Personen für 3 Nächte im Doppelzimmer

Nigerstraße 12
I-39056 Karersee/Welschnofen
Tel. + Fax 0039 0471 612246
www.jolanda.it, info@jolanda.it
Öffnungszeiten: Weihnachten bis Ostern,
Anfang Mai bis Anfang November
Kein Ruhetag

EINGELÖST AM

STEMPEL ODER UNTERSCHRIFT DES ANBIETERS

HOTEL ST. ANTON – VÖLS AM SCHLERN 10,00/20,00 €

Wir freuen uns Sie als Gäste verwöhnen und überraschen zu dürfen!

Gutschein im Wert von 10,00 €
bei einer Tischrechnung von 50,00 €

Gutschein im Wert von 20,00 €
(für Restaurant oder Bar-Konsumationen)
bei einem Mindestaufenthalt von 2 Personen
für 3 Nächte im Doppelzimmer mit Halbpension

St.-Anton-Straße 7
I-39050 Völs am Schlern
Tel. 0039 0471 725062, Fax 0039 0471 725630
www.st-anton.it, info@st-anton.it
Öffnungszeiten: Anfang Dezember bis Ostern und
Anfang Mai bis Anfang November
Ruhetag: Montag

EINGELÖST AM

STEMPEL ODER UNTERSCHRIFT DES ANBIETERS

ROSENGARTEN, SCHLERN & GRÖDEN

HOFER ALPL – UMS/VÖLS AM SCHLERN

4,00/15,00 €

Erleben Sie Ihre Ferien mal ganz anders. Urlaub auf der Alm inmitten des Naturparks Schlern.

Gutschein im Wert von 4,00 € (2 Schnäpse) bei einer Tischrechnung von 25,00 €

Gutschein im Wert von 15,00 € (für Getränke oder Essen) bei einem Aufenthalt von 2 Personen für 3 Nächte im Doppelzimmer mit Halbpension

Ums 18
I-39050 Völs am Schlern
Tel. 0039 0471 725288, Mobil 0039 349 4008560
www.hoferalpl.it, info@hoferalpl.it
Öffnungszeiten: Ostern bis Anfang November
Kein Ruhetag

EINGELÖST AM

STEMPEL ODER UNTERSCHRIFT DES ANBIETERS

BERGHAUS ZALLINGER – SEISER ALM

6,00/30,00 €

Genießen Sie Köstlichkeiten aus Küche und Keller in einem gepflegten und gemütlichen Ambiente – und inmitten einer unberührten Natur.

Gutschein im Wert von 6,00 € (2 Schnäpse) bei einer Tischrechnung von 25,00 €

Gutschein im Wert von 30,00 € bei einem Aufenthalt von 2 Personen für 3 Nächte im Doppelzimmer

Saltria 74
I-39040 Seiser Alm
Tel. 0039 0471 727947, Fax 0039 0471 729200
www.zallinger.com, info@zallinger.com
Öffnungszeiten: Wintersaison: 15. Dezember bis 10. April
Sommersaison: 1. Juni bis 15. Oktober
Kein Ruhetag
Durchgehend warme Küche

EINGELÖST AM

STEMPEL ODER UNTERSCHRIFT DES ANBIETERS

ROSENGARTEN, SCHLERN & GRÖDEN

SANON-HÜTTE – SEISER ALM

5,00 €

Genießen Sie Sommer wie Winter in einer einmaligen Kulisse traditionelle Speisen aus der Tiroler und italienischen Küche.

Gutschein im Wert von 5,00 €
bei einer Tischrechnung von 50,00 €

Piz 19
I-39040 Seiser Alm
Tel. 0039 0471 727002, Fax 0039 0471 729235
www.sanon.it, info@sanon.it
Öffnungszeiten: Wintersaison: 15. Dezember bis Ostern, Sommersaison: 25. Mai bis Allerheiligen
Kein Ruhetag
Durchgehend warme Küche, am Abend auf Vorbestellung

EINGELÖST AM

STEMPEL ODER UNTERSCHRIFT DES ANBIETERS

CAFÉ-RESTAURANT ANNATAL – ST. ULRICH

10,00 €

Entspannen Sie sich bei uns inmitten von Wäldern und nahe am rauschenden Wasser des Annabaches.

Gutschein im Wert von 10,00 € (1 l Wein)
bei einer Tischrechnung von 30,00 €

Annatalstraße 39
I-39046 St. Ulrich
Tel. 0039 0471 798643
www.annatal.it, arianna@web2net.it
Öffnungszeiten: Weihnachten bis Ostern, Juni bis Mitte Oktober
Kein Ruhetag

EINGELÖST AM

STEMPEL ODER UNTERSCHRIFT DES ANBIETERS

PUSTERTAL, AHRNTAL & ALTA BADIA

WIRTSHAUS/TRATTORIA ANSITZ STRASSHOF – MÜHLBACH

15,00 €

Einmalige Kombination von Südtiroler Ambiente in einem 500 Jahre alten Ansitz und der traditionellen sardischen wie Tiroler Küche. Vormerkung erwünscht.

Gutschein im Wert von 15,00 €
(1 Flasche sardischer Wein)
bei einer Tischrechnung von 50,00 €

Straßhofstraße 2
I-39037 Mühlbach
Tel. + Fax 0039 0472 886142
Öffnungszeiten: ganzjährig (geschlossen vom 15. Juni bis 15. Juli und vom 1. bis 30. November)
Ruhetag: Mittwoch

EINGELÖST AM

STEMPEL ODER UNTERSCHRIFT DES ANBIETERS

HOTEL-RESTAURANT LANGGENHOF – STEGEN BEI BRUNECK

15,00 €

Mit viel Liebe bis ins kleinste Detail, kuschelig und im bäuerlichen Luxus, ist unser familiäres Hotel ausgestattet. Erleben Sie die gemütliche Atmosphäre in unserem „à la carte"-Restaurant in stilvollen Südtiroler Stuben und im Wintergarten und genießen Sie die kulinarischen Köstlichkeiten mit erlesenen Weinen aus dem Weinkeller.

Gutschein im Wert von 15,00 €
(Restaurantgutschein) bei einem Mindestaufenthalt von 2 Personen für 3 Nächte im Doppelzimmer

St.-Nikolaus-Straße 11
I-39031 Stegen bei Bruneck
Tel. 0039 0474 553154, Fax 0039 0474 552110
www.langgenhof.com, hotel@langgenhof.com
Öffnungszeiten: ganzjährig
Ruhetag: Sonntag
Warme Küche: von 19 bis 21.30 Uhr

EINGELÖST AM

STEMPEL ODER UNTERSCHRIFT DES ANBIETERS

PUSTERTAL, AHRNTAL & ALTA BADIA

HOFSCHANK KOFLER ZWISCHEN DEN WÄNDEN – AHORNACH 5,00/27,00 €

Genießen Sie die absolute Ruhe und das entspannende Rauschen der Bäche auf unserer Panoramaterrasse.

Gutschein im Wert von 5,00 €
bei einer Tischrechnung von 30,00 €

Gutschein im Wert von 27,00 €
(für das Restaurant) bei einer Mindestrechnung von 270,00 € für die Ferienwohnung

I-39032 Ahornach/Sand in Taufers
Tel. 0039 0474 691005, Fax 0039 0474 505508
www.kofler-zd-waenden.com, info@kofler-zd-waenden.com
Öffnungszeiten: Anfang März bis Ende Jänner
Kein Ruhetag
Warme Küche: durchgehend von 11 bis 19 Uhr

EINGELÖST AM

STEMPEL ODER UNTERSCHRIFT DES ANBIETERS

HOTEL-RESTAURANT POST – BRUNECK 10,00/25,00 €

Erleben Sie die Vielfalt unserer phantasievollen Küche und das zeitlose Flair des Hotels. Ideales Haus für Winter- und Sommerurlaub.

Gutschein im Wert von 10,00 €
bei einer Tischrechnung von 50,00 €

Gutschein im Wert von 25,00 €
bei einem Aufenthalt von 2 Personen
für 2 Nächte im Doppelzimmer

Graben 9
I-39031 Bruneck
Tel. 0039 0474 555127, Fax 0039 0474 551603
www.hotelpost-bruneck.com, info@hotelpost-bruneck.com
Öffnungszeiten: ganzjährig
Ruhetag: Montag, außer August und Dezember
Warme Küche: von 12 bis 14 und von 18 bis 21 Uhr

EINGELÖST AM

STEMPEL ODER UNTERSCHRIFT DES ANBIETERS

PUSTERTAL, AHRNTAL & ALTA BADIA

BERGGASTHOF AMATEN – BRUNECK 25,00 €

Auf der Königsloge des Pustertales erwartet Sie Familie Wolfsgruber und ihr Team.

Gutschein im Wert von 25,00 €
(für Bar oder Restaurant) bei einem Aufenthalt von 2 Personen für 3 Nächte im Doppelzimmer

Amaten 3
I-39031 Bruneck
Tel. 0039 0474 559 993, Fax 0039 0474 559999
www.amaten.it, hotel@amaten.it
Öffnungszeiten: ganzjährig
Ruhetag: Dienstag, außer Juli bis September

EINGELÖST AM

STEMPEL ODER UNTERSCHRIFT DES ANBIETERS

DOLOMIT B & B UND RESTAURANT LA TOR – LA VILLA 10,00/30,00 €

Genieße die Natur und die Berge im ❤ des „Dolomit".

Gutschein im Wert von 10,00 €
bei einer Tischrechnung von 50,00 €

Gutschein im Wert von 30,00 €
bei einem Aufenthalt von 2 Personen für 2 Nächte im Doppelzimmer

Colzstraße 9
I-39030 La Villa
Tel. 0039 0471 847120, Fax 0039 0471 844091
www.dolomit.it, dolomit@dolomit.it
Öffnungszeiten: ganzjährig
Ruhetag: Mittwoch, außer in der Saison
Warme Küche: von 12 bis 14 und von 18 bis 21.30 Uhr,
Pizza bis 23.30 Uhr

EINGELÖST AM

STEMPEL ODER UNTERSCHRIFT DES ANBIETERS

PUSTERTAL, AHRNTAL & ALTA BADIA

HOTEL-RESTAURANT STÖRES – ST. KASSIAN 10,00/30,00 €

Der ideale Ort für einen ruhigen und entspannenden Urlaub inmitten der Natur, umgeben von einigen der schönsten und beeindruckensten Gipfel der Dolomiten.

Gutschein im Wert von 10,00 €
bei einer Tischrechnung von 50,00 €

Gutschein im Wert von 30,00 €
bei einem Aufenthalt von 2 Personen
für 3 Nächte im Doppelzimmer

Planstraße 22
I-39030 St. Kassian in Alta Badia
Tel. 0039 0471 849486, Fax 0039 0471 849331
www.hotelstores.it, info@hotelstores.it
Öffnungszeiten: ganzjährig
Kein Ruhetag
Warme Küche: von 12 bis 14 und von 18 bis 21 Uhr

EINGELÖST AM

STEMPEL ODER UNTERSCHRIFT DES ANBIETERS

LÜCH DA PCEI – ST. KASSIAN 8,00/30,00 €

Umgeben von den Dolomiten und in einer beneidenswerten Panoramalage, liegt unser neu erbautes Feriendomizil. Unsere Käsesorten vermitteln den Geschmack von unberührter Natur.

Gutschein im Wert von 8,00 €
bei einem Einkauf von 40,00 €

Gutschein im Wert von 30,00 € bei einem Aufenthalt von 2 Personen für 3 Nächte im Doppelzimmer

Peceistraße 17
I-39030 St. Kassian in Alta Badia
Tel. 0039 0471 849286, Fax 0039 0471 840731
www.luchdapcei.it, www.altabadialat.it, info@altabadialat.it, info@luchdapcei.it
Öffnungszeiten: ganzjährig (FW), Dezember bis Ostern, Juni bis September (B&B), Hofladen (saisonal)

EINGELÖST AM

STEMPEL ODER UNTERSCHRIFT DES ANBIETERS

PUSTERTAL, AHRNTAL & ALTA BADIA

HOTEL COSTES – CORVARA

7,00/50,00 €

Genießen Sie erholsame Urlaubstage fern von Verkehrslärm inmitten einer faszinierenden Bergkulisse.

Gutschein im Wert von 7,00 €
bei einer Tischrechnung von 35,00 €

Gutschein im Wert von 50,00 €
bei einem Aufenthalt von 2 Personen
für 3 Nächte im Doppelzimmer
(gültig in der Sommersaison)

Planacstraße 17
I-39033 Corvara
Tel. 0039 0471 836220, Fax 0039 0471 836605
www.costes.it hotel@costes.it
Öffnungszeiten: Anfang Dezember bis Anfang April, Ende Juni bis Mitte September

EINGELÖST AM

STEMPEL ODER UNTERSCHRIFT DES ANBIETERS

HOTEL-RESTAURANT JÄGERHOF – KOLFUSCHG

10,00/20,00 €

Inmitten faszinierender Touren durch die Dolomiten begrüßt Sie Familie Pitscheider mit Ihrem liebevoll geführtem Hotel und Restaurant.

Gutschein im Wert von 10,00 €
bei einer Tischrechnung von 45,00 €

Gutschein im Wert von 20,00 €
bei einem Aufenthalt von 2 Personen
für 2 Nächte im Doppelzimmer
(gültig in der Sommersaison)

Val Straße 28
I-39030 Kolfuschg
Tel. 0039 0471 836123, Fax 0039 0471 836712
www.hoteljaegerhof.net, hotel.jaegerhof@rolmail.net
Öffnungszeiten: Anfang Dezember bis Ostern, Mitte Juni bis Ende September

EINGELÖST AM

STEMPEL ODER UNTERSCHRIFT DES ANBIETERS

Hinweis: Das vorliegende Buch wurde sorgfältig erarbeitet. Dennoch erfolgen alle Angaben ohne Gewähr. Weder Autor noch Verlag können für eventuelle Nachteile oder Schäden, die aus den im Buch vorgestellten Informationen resultieren, eine Haftung übernehmen. Zu den Bedingungen zur Einlösung der Gutscheine lesen Sie bitte auf Seite 9.

Bildnachweis: Tappeiner AG, Airphoto Service, Alpenadvent Sarntal/Seehauser Foto, Blöchinger Christopher, Foto Dieter Drescher, EOS, Fotoprofi, Fine Dine Restaurants St. Ulrich, Gasser Peter Paul, Felderer Image, Kellerei Terenten, Lücker Walter, Rier Helmuth, Roland Schatzer, Seppi Werbefotografie, Sirio, Spinell Konrad, Südtirols Süden, Tourismusverein Schlanders-Laas, Tourismusverein Sterzing/Orsini, Tourismusverein Terenten, sowie weitere Bilder aus dem Privatbesitz der Inserenten.

Gesamtherstellung: Tappeiner AG
www.tappeiner.it

Printed in Italy

ISBN 978-88-7073-431-7

TAPPEINER.